Ursula Koch

Nur ein Leuchten dann und wann

Annette von Droste-Hülshoff

Biografischer Roman

BRUNNEN

VERLAG GIESSEN · BASEL

Nur ein Leuchten dann und wann
ist auch als Hörbuch erhältlich
2 MCs, Laufzeit ca. 180 Minuten
Gelesen von Ursula Koch
Bestell-Nr. 3-7655-8711-7

2. Auflage 2003

© 2001 Brunnen Verlag Gießen
Umschlagmotiv: Thomas Vogler
Umschlaggestaltung: Ralf Simon
Satz: DTP Brunnen
Herstellung: Wiener Verlag, Himberg
ISBN 3-7655-1685-6

Ich bitte nicht um Glück der Erden,
Nur um ein Leuchten nun und dann,
Dass sichtbar deine Hände werden,
Ich deine Liebe ahnen kann,
Nur in des Lebens Kümmernissen
Um der Ergebung Gnadengruß:
Dann wirst du schon am besten wissen,
Wie viel ich tragen kann und muss.

Aus dem „Geistlichen Jahr" (1839)

Inhalt

5

Meersburg am Bodensee,
an einem schwülen Sommertag im Juli 1848

Papier! Ein ganzer Waschkorb Papier!

Alles vollgeschrieben mit winzigen, sauber aneinander gereihten, teilweise durchgestrichenen, den kleinsten Zwischenraum ausfüllenden Buchstaben. Von der oberen linken Ecke bis zur unteren rechten Ecke, gerade und gleichmäßig. Dann wieder durcheinander gewirbelt von einem unsichtbaren Sturm, nach oben und unten ausschlagend.

Zwei Frauen stehen am Tisch. Sie stapeln die Blätter. Beide tragen schwarze hochgeschlossene Kleider, ihre Gesichter sind von schlaflosen Nächten gezeichnet.

„Verbrennen!", sagt die Ältere.

„Aber, Mama, es sind doch Gedichte dabei! Die will Werner heraus-geben. Du weißt, er braucht Geld."

„Verbrennen, Jenny! Vor allem die Briefe! Denk an die unschuldigen Seelen deiner Kinder! Wer weiß, was darin steht!"

Die Blätter gleiten durch die Hände der alten Frau von Droste-Hülshoff. Sie zögert, liest und greift nach einem neuen Packen: Verschnör-kelte Buchstaben, Klammern, Gedankenstriche. Unterstreichungen. Satzungetüme, Abkürzungen.

„Briefe an Schücking! Ich hab' es doch gewusst. Zum Glück nicht abge-schickt."

„Es wird so schlimm nicht sein, was darin steht."

„Aber das Gerede, Jenny, das Gerede! Wenn das jemand liest: ,Mein kleines Pferdchen du, warum hast du dein Mütterchen verraten …'"

Sie schluckt, ringt nach Atem.

„… nicht auszudenken!"

„Hier im Süden sind die Leute nicht so streng, Mama! Hier weiß man zu unterscheiden zwischen den Angelegenheiten des Herzens und der Konvention."

Die Mutter schleudert den Packen Papier auf den Boden. Staub fliegt auf.

„Ja, ich weiß! Hier findet man nichts dabei, wenn ein verheirateter Mann der Geliebte einer Fürstin ist."

„Mama, ich habe es dir schon so oft erklärt …"

„Trotzdem! Dass du so einen Mann geheiratet hast! Ich hätte es nicht zulassen sollen. Aber ihr habt ja nie nach meinen Wünschen gefragt. Wenn es nach mir gegangen wäre, hättest du einen deiner braven westfälischen Vettern genommen und wärst in meiner Nähe geblieben. Ans andere Ende der Welt zu ziehen! An diesen See mit seinen Untiefen!"

Jenny antwortet nicht, und die Mutter murmelt weiter; tonlos, als spräche etwas Fremdes aus ihr: „Ja, ja, ich weiß. Was ist die Liebe einer Mutter gegen die eines Mannes! Beide habt ihr mich verlassen. Auch Nette meinte, hier müsste es ihr besser gehen; hier, wo alle Welt ihr zu Füßen lag. Wo dieser Schücking ihr den Hof machte. Stell dir vor, er würde …"

„Schücking wird nicht mehr herkommen, Mama."

Hinter den Frauen öffnet sich die Tür. Staub wirbelt durch die Luft, der Burgherr muss niesen.

„Papiere? Handschriften?"

Seine langen dünnen Finger blättern in den Heften, zwischen den Zetteln.

„Es wird wohl kaum etwas Altdeutsches dabei sein. Unsere Nette hätte besser einen Ritterroman geschrieben statt all dieser …", er fegt mit der Hand über den Stapel, „… dieser Herzensergüsse."

„Briefe, Laßberg, Briefe. Wahrscheinlich an Schücking und wer weiß, an wen noch. Glücklicherweise nicht abgeschickt. Wir werden alles verbrennen."

„Ach, Mama, es ist so heiß draußen."

„Feuer, ins Fegefeuer ..."

Der alte Laßberg lacht auf und streicht sich gleichzeitig verstohlen über die Augen.

„Unser Herrgott wird das Brandopfer wohlgefällig annehmen."

„Spotte nicht, Joseph!"

Durch das weit geöffnete Fenster leuchtet ein Sonnentag. Bunte Boote gleiten über den See.

„Aber sie hätte doch etwas größer schreiben können", meint Laßberg. Er tritt ans Fenster und hält sich ein Blatt dicht vor die Augen.

„Wer soll denn das lesen?"

„Die Flammen."

Entschlossen nimmt die Mutter ihm das Papier aus der Hand, ihre Augen wandern über die Zeilen:

„Ich wollte diese Rüstung, dieses enge Kleid
von mir werfen in den dunklen See ..."

Röte steigt in ihr Gesicht.

„Und dabei", murmelt Laßberg, „konnte sie so weit übers Wasser schauen."

1. Kapitel: Burg Hülshoff

Wenn ich von hier, liebste Mama, dem schönsten Platz am Fenster meines Zimmers, über den See blicke, dann verdrängt fern am Horizont das Bild der Burg Hülshoff die majestätischen Berge, und es scheint mir, ich lebte dort noch einmal als ein Kind unter der liebenden Obhut meiner guten Eltern und im Einverständnis mit dem allmächtigen Vater im Himmel, der uns seinen Segen verhieß, wenn wir denn brav und gut wären. Aber, ach, ich war's nicht ...

Mir war das Kleid zu eng. Du hast es gewusst, Mutter, aber weil du uns so sehr liebtest, dass du nicht nur um unser Heil in dieser Welt bemüht warst, sondern für die ganze Ewigkeit vorsorgen wolltest, hast du das Kleid eng geschnürt. Ich war damals schlank, ja, als Kind immer ein Würmchen, seit ihr mich nach nur sieben Monaten ans Licht der Welt gezogen habt. Aber du spürtest sehr bald: Da war eine Kraft in dem Kind, die vielleicht das sittsame Mieder hätte sprengen können. Und du warst so klug, so aufmerksam, hast die Verderbnis der Menschen ringsumher gesehen, die vom rechten Wege abwichen und im Elend endeten. Davor wolltest du uns bewahren.

Und dennoch stand ich, als ich gerade dreizehn war, schon auf der Bühne. Du hast mich gesehen. Es war dunkel im Saal, und ich konnte dich nicht erkennen. Ich wusste nur: Irgendwo da unten sitzt meine liebe Mama und sieht mich aufmerksam an. Das war in Hohenholte bei den Stiftsdamen. Und die frommen Frauen waren nicht einverstanden. Du hast es sofort gemerkt, denn du hast nach rechts und links gesehen und das empörte Raunen gehört. Wir vom Adel, wir müssen nach rechts und links sehen, ich weiß. Wichtig ist, was die andern sehen, nicht was du selber siehst.

Sie haben mich gelobt, alle; ich war ja fast noch ein Kind und unschuldig, wie sie meinten (ich bin mir da nicht so sicher ...). Aber sie warnten dich, die guten Seelen. Es war wohl etwas in meinem Spiel, das sie an die Tänzerinnen auf dem Jahrmarkt erinnerte. Oder an die großen Damen des Theaters, denen alle gern zusahen, mit denen wir ehrsamen Christen aber nichts zu tun haben wollten.

Es muss dich eine schreckliche Angst gepackt haben, denn du liebtest ja dein Kind, deine kleine dumme Nette, die damals schon so herzige Gedichte geschrieben hat:

„Dir schein stets Wonne
wie eine Sonne
Glück, Heil und Segen
auf allen Wegen …"

Das habe ich gereimt! Für dich! Mit sieben Jahren! Das hast du aufgehoben und voller Stolz herumgezeigt. Alle sollten wissen, was für eine begabte kleine Tochter du hattest. Aber Theater spielen, nein, das durfte ich nicht mehr. Da musstest du mir heraushelfen, denn ich hatte ja auch geschrieben:

„Das was ich wünsche ist
dass du in deinem Leben
durch deine Tugend kannst
uns stets ein Beispiel geben."

Tugend und Theater? Das ging nicht zusammen, da warst du ganz sicher, und ich war es schließlich auch. Einmal hattest du es erlaubt, weil ich so innig, so herzlich, so dringend gebettelt hatte. Aber du hast es bereut.

Auf der Straße in Münster hielten sie dich an. Hinter den freundlichen Gesichtern, dem falschen Lächeln spürtest du die Drohung: So eine – in unseren Kreisen? Aber gnädige Frau, das geht doch nicht … Liebe Therese … Meine Gute, welch ein Triumph für deine Tochter, aber bist du ganz sicher …?

Wie ein Pfeil, der in eine offene Wunde geschossen wird, traf dich der Brief des Grafen Stolberg. Erst vor zehn Jahren war er zum katholischen Glauben übergetreten, er musste es deshalb wohl besonders gut wissen. Du hast mir den Brief vorgelesen, und ich durfte mich dabei nicht setzen. In meinen Ohren dröhnte noch der Beifall, das rhythmische Klatschen des begeisterten Publikums. Wie ein großes dunkles Tier hatte es vor mir gehockt, hatte freundlich die Zähne gefletscht – und mir gleichzeitig nur Verderben gewünscht. Die Worte des besorgten Stolberg werde ich nie vergessen: „Ich habe gehört, dass Fräulein Nette in gesellschaftlichen Kreisen Komödie spiele. Für Männer und Frauen ist, meiner innigsten Überzeugung nach, diese Übung wenigstens gefährlich; für Jünglinge noch mehr; für junge Mädchen noch weit mehr, und eben für Fräulein Nette mehr noch als für andere …"

Wie kam ich nur zu der Ehre „… mehr noch als für andere"? Darüber musste ich Tag und Nacht nachdenken. Aber du warst schon zu einem Schluss gekommen:

„Anna Elisabeth" – mit meinem vollen Taufnamen hast du mich angeredet –, „du wirst einsehen, dass kein Beifall der Welt für dich wichtiger ist als das Heil deiner Seele. Ab heute wirst du nirgendwo mehr auftreten und nicht nur das Theaterspielen, sondern auch das Theater meiden, das deinen überreizten Nerven ohnehin nicht gut tut. Danke deinem himmlischen Vater, dass er dich vor dem Weg ins Verderben bewahrt hat. Ich weiß, du bist eine gehorsame Tochter und wirst dies als große Gnade erkennen."

Mit einem Kopfnicken war ich entlassen.

Als ich allein in meinem Zimmer am Fenster stand und in den grauen Himmel, den grauen Garten, das graue Wasser des Grabens starrte, da habe ich versucht, ein Dankgebet zu sprechen. Aber das Echo des Beifalls klang so laut in mir nach, dass es die leisen Worte erstickte.

Gott wird, da bin ich mir heute ganz sicher, liebe Mama, Gott wird die Tränen, die ich damals am Fenster tapfer herunterschluckte, an Stelle meines Gebetes angenommen haben. Denn du hattest ja Recht, so Recht. Sie hätten mich und dich und die ganze Familie geächtet, bei jedem Gang über den Markt in Münster mit Fingern auf uns gezeigt – wenn ich damals nicht gehorcht hätte.

Ein paar Jahre später habe ich getanzt. Alle Augen waren auf mich gerichtet, so wild konnte ich tanzen. Unter den vielen Augenpaaren brannte eins wie Feuer. Ich sah es und fühlte, wie mir der Atem stockte. Ich fühlte, wie eng das Kleid war. Und du warst empört, ja Mutter, zutiefst empört, dass der Kommissar Schüler, dieser würdige Mann, jede meiner Bewegungen verfolgte, mir sogar neckische Strafen androhte, sollte ich einen anderen Tänzer erhören.

Wie die feinen Münsteraner da tuschelten! Wie sie in den Ecken die Köpfe zusammensteckten! Die kleinen Schlangen aus ihren Mäulern zischten durch die Musik. Ich habe sie gehört, aber ich konnte nicht aufhören. Ich tanzte, tanzte, tanzte. Der Mann, Mutter, dieser Mann wusste ein Mädchen wie mich zu führen. Schließlich war ich schon fünfzehn Jahre alt. Manchmal freilich kam ich mir so alt vor wie die Mütter auf den Ahnenbildern im Speisezimmer. Aber kocht das Blut noch, wenn man alt ist? Hat es bei dir je gekocht? Hast du je getanzt wie ich im Oktober 1813 in Hohenholte?

Dieser Mann war anders als die westfälischen Jünglinge, die bei jedem Schritt erst nachdenken mussten, wo rechts und wo links ist. Die einen Dreier- nicht von einem Vierertakt unterscheiden konnten. In Westfalen wäre der Walzer nie erdacht worden. Dazu muss die Sonne das Blut erhitzen wie der Saft die Reben am Weinstock. Der Mann aus dem Elsass mit seiner charmanten Sprache, bei dem sich Wort an Wort ringelte und mal ein „-le" oder ein Umlaut die Sätze zum Klingen brachte, er konnte sogar beim Tanzen noch sprechen, der Herr Kommissar!

Was er mir sagte, Mutter, das … das habe ich dem Priester gebeichtet. Es ist besser, wenn du es nicht weißt. Ich musste ein paarmal den Rosenkranz beten und versprechen, beim nächsten Mal einem solchen Mann höflich und bestimmt zu sagen, dass seine Worte mich verlegen machten. Sie machten mich aber gar nicht verlegen. Das war's, was mir hinterher Pein bereitete. Fünfzehn

Jahre jung, tanzen und den Schmeicheleien eines erfahrenen Mannes lauschen …

Die empörten Damen in ihren großen Toiletten waren neidisch. Heute weiß ich es. Sie gönnten mir meine Jugend, meine schlanke Taille nicht. Sie fanden es unschicklich, unhöflich, unglaublich, dass sich dieser interessante Kommissar mit mir beschäftigte, der Nette, der dummen kleinen Nette, die so oft wirres Zeug redete. Aber eins mussten sie zugeben: Tanzen konnte ich besser als sie alle zusammen. Und hättet ihr uns Platz gelassen in dem Saal, da wären euch die Augen übergegangen, euch allen und dem Kaplan ebenso, auf den du immer so ängstlich geschielt hast. Ich weiß, Mama, du hast dich für mich geschämt.

Als ich dann das Kleid abgelegt hatte und im Bett lag, als ich wieder ruhig durchatmen konnte, da bin ich ganz schnell eingeschlafen. Aber im Traum – wenn du das gewusst hättest! –, im Traum habe ich weiter getanzt, und mein Kleid war nicht mehr eng …

Vor Weihnachten dann hat mir der gute Weydemeier, den du so umsichtig als unseren Hofmeister und Hauslehrer ausgewählt hast, ein Buch mitgebracht. Das war von Schiller und alle Welt hatte es schon gelesen, sogar bei uns in Westfalen: „Die Räuber".

Du bist ins Zimmer gekommen, und ich habe dich nicht gehört. Natürlich hättest du dich bemerkbar machen können, aber du warst wohl allzu neugierig, was mich da so fesselte, dass ich nichts mehr sah und hörte. Heimlich bist du hinter mich getreten.

Tatsächlich war ich auch nicht in Hülshoff. Ich war weit, weit weg. Mich konntest du gar nicht antreffen, denn ich schlich durch den böhmischen Wald, vor mir die Räuber Razmann und Spiegelberg. In den Bäumen sauste der Wind, Waffen klirrten, das Pack baute sein Lager auf und die beiden Kerle prahlten voreinander mit ihren Abenteuern.

„… einen Spaß muss ich dir doch erzählen, den ich neulich im Cäcilienkloster angerichtet habe. Ich treffe das Kloster auf meiner

Wanderschaft so gegen die Dämmerung … Wir halten uns ruhig bis in die späte Nacht. Es wird mausstill. Die Lichter gehen aus. Wir denken, die Nonnen könnten jetzt in den Federn sein. – Nun nehm ich meinen Kameraden Grimm mit mir, heiß die andern warten vorm Tor, bis sie mein Pfeifchen hören würden – versichere mich des Klosterwächters, nehm ihm die Schlüssel ab, schleich mich hinein, wo die Mägde schliefen, praktizier ihnen die Kleider weg und heraus mit dem Pack zum Tor. Wir gehn weiter von Zelle zu Zelle …"

Da reißt du mir mit einem Wutschrei das Buch aus der Hand, und es hat lange gedauert, bis ich erfahren konnte, wie es weiterging. Ach, Mama! Dein Gesicht war rot vor Zorn und du hast mich geschlagen, dass ich laut heulte und die Diener herbeigelaufen kamen. Das war nicht üblich bei uns, aber diesmal konntest du dich nicht beherrschen. Du hast gezittert vor Zorn.

Ich weiß, es war deine Liebe. Oder deine Angst. Du hast mich zur Welt gebracht, aber du wolltest mich vor der Welt bewahren. Ich sollte nicht wissen, wie es zugeht, wenn so eine Räuberbande in ein Kloster einbricht, sollte nicht wissen, dass man Kinder zeugen kann ohne den Segen der heiligen Kirche, dass es Gewalt gibt und einen tierischen Trieb. Und dabei hatte ich doch manchmal schon so seltsame Träume, und wenn ich tanzte, dann kam es mir vor, als müsste ich mir das Mieder vom Leibe reißen – auch ohne Räuber. Aber davon habe ich nie etwas gesagt. Ich habe auch an jenem Abend nichts gesagt, denn du warst natürlich im Recht.

„Von wem hast du das Buch?"

Deine Stimme zitterte immer noch vor Entsetzen.

„Von Weydemeier."

Die Tür krachte hinter dir zu, und ich war allein, rieb mir mein glühendes Gesicht und schluchzte ins Kissen. Jenny kam, deine gute Tochter, deine brave Tochter. Jenny war lieb zu mir – wie immer.

„Was hast du gelesen?", flüsterte sie.

„Von Schiller. Die Räuber. Das erste Stück, was er geschrieben hat. Das, weswegen er geflohen ist."

„Und? Ist es spannend?"

Ein bisschen neugierig war auch die brave Jenny.

„Es war gerade eine Stelle, da haben die Räuber ein Kloster überfallen. Sie haben die Kleider der Frauen ..." – ich musste kichern, obwohl das alles doch sehr ernst war – „sie haben ihnen die Kleider weggenommen."

„Waren denn die Kleider so kostbar?"

Jenny war älter als ich und verstand trotzdem nicht, worum es ging. Das fand ich schon wieder lustig. Wir tuschelten und lauschten zwischendurch angespannt auf deine Schritte.

„So etwas darfst du auch nicht lesen, Nette!"

Bei Jenny ist deine Erziehung offensichtlich erfolgreicher gewesen, jedenfalls schien es mir damals so. Dann hörten wir dich kommen und sprachen schnell über die Predigt des Kaplans am letzten Sonntag. Du hattest dich inzwischen auch gefasst, warst ruhig und freundlich wie immer, aber beim Hinausgehen hast du mich noch einmal streng angesehen.

„Am Sonnabend, wenn du zur Beichte gehst, vergiss nicht, dein Gewissen zu erforschen!"

In der Nacht träumte ich wirr von Räubern und Nonnen, die sich übereinander stürzten ...

Am nächsten Tag beim Frühstück war Weydemeier sehr bleich und still. Ich bat ihn um ein neues Buch, aber er schüttelte nur den Kopf und antwortete nicht. Eine Weile musste ich mit meinem Gebetbuch als einziger Lektüre vorlieb nehmen. Erst später habe ich erfahren: Du hast es ihm verboten, mir Bücher zu leihen ohne deine ausdrückliche Erlaubnis.

Ich nehme an, du hast damals viele Bücher geprüft. Gemeinsam lasen wir an den langen Winterabenden „Die Jungfrau von Orleans" und andere Dramen, die dir in Form und Inhalt angemessen erschienen. Und ich war einverstanden. In dem französischen Hirtenmädchen fand ich ein Vorbild, das meinen Willen anspornte, gut zu sein; so gut, wie du es von mir erwartet hast.

„In raues Erz sollst du die Glieder schnüren,
Mit Stahl bedecken deine zarte Brust,
Nicht Männerliebe darf dein Herz berühren
Mit sündgen Flammen eitler Erdenlust."
Ja, ich war einverstanden. Nur nicht, wenn Besuch kam.

Ich hörte das Rufen der Kutscher, das Trappeln der Pferde auf der Allee und verkroch mich im äußersten Winkel hinter der Küche, atmete ganz leise und überlegte, ob ich mir einen großen Schokoladenfleck aufs Kleid machen oder lieber einen Ärmel mit der Schere zerschneiden sollte, damit du sagen konntest: „Nette ist leider noch nicht fertig! Aber sie kommt gleich, die liebe Nette."

Natürlich habe ich es nie getan, hätte es nie gewagt. Wenn ich dich rufen hörte, bin ich aus meinem Versteck gekrochen, habe mir das Kleid glatt gestrichen und sogar noch eine Locke aus der Stirn gekämmt. Ich gehorchte wie ein Hündchen, das gar nicht anders kann als gehorchen. Nur die Übelkeit, der leichte Schwindel, die blasse Nase – das blieb von meinen kühnen Gedanken übrig.

So kam ich immer etwas später als Jenny, Werner und Ferdinand. Ich wollte, dass alle erst einmal Jennys Knickse lobten und von ihren guten Heiratsaussichten sprachen, Werner übers blonde Haar strichen und feststellten, wie sehr Ferdinand wieder gewachsen sei. Dann etwa war Zeit für meinen Auftritt. Ich kam außer Atem ins Zimmer, und du hast gesagt: „Aber Nette, doch nicht so schnell!"

Natürlich konntest du nicht ahnen, wie langsam ich gegangen war – mit angehaltenem Atem, das machte das Gesicht schön rot. Wenn ich dann da war, kränkte es mich, wie wenig die anderen von mir Notiz nahmen. Meistens dauerte es nicht lange – ich atmete schon wieder ganz ruhig –, bis ich Gelegenheit fand, eine vorlaute Bemerkung zu machen.

Du wurdest starr vor Schreck, aber Papa, mein guter Papa, lachte freundlich und gab mir manchmal einen Klaps auf den Rücken. Wenn auch die anderen Verwandten dann ihre Gesichter höflich verzogen, warst du erleichtert. Aber erst musstest du von der würdigsten Tante bis zum zehnjährigen Vetter alle gemustert haben. Hinterher hieß es dann: „Sei nicht so vorlaut!"

„Ich bin nicht vorlaut. Johann hält sich für einen großen Jäger und kann nicht einmal einen Hasen von einem Kaninchen unterscheiden."

„Das kannst du auch nicht."

„Sie kann es", pflegte Papa an so einer Stelle zu sagen, und dann gab es keine Widerrede mehr.

Natürlich hatte Papa Recht. Ich konnte nicht nur Hase und Kaninchen, ich konnte sogar Fink und Goldammer voneinander unterscheiden. Er selbst hatte es mir beigebracht. Nur die Vettern und Kusinen interessierten sich nicht dafür. Sie hatten ganz andere Gesprächsthemen.

„Maria-Theresia lässt ihren Mann verwahrlosen", bemerkte jemand. „Es fehlte ein Knopf an seiner Uniform. Als hätte er keine Frau!"

Dass die Tante Maria-Theresia schwer krank im Kindbett lag, schien niemand zu wissen. Sie hätte ja schließlich die Wirtschafterin darauf hinweisen können oder …

„Der von …", ging es dann weiter, „wird wohl die von … demnächst heiraten. Und das, obwohl sie so kurzsichtig ist."

Kurzsichtig war ich auch, darum war ich sehr gespannt, was nun kommen würde.

„Aber sie hat Geld."

„Hauptsache, sie erkennt ihren Mann."

Schallendes Gelächter, und du hast schon wieder irritiert auf uns Kinder geschaut. Aber das Gespräch wurde nicht schlüpfrig, wir durften bleiben.

„Besser eine kurzsichtige Adlige als eine weitsichtige Bürgerliche."

„Du meinst: Besser eine Adlige mit Geld als eine Bürgerliche ohne ...“

Wieder Gelächter.

„Der neue Kaplan macht am Altar eine sehr gute Figur. Es war wunderbar, wie er den Kelch hochgehalten hat ...“

Du hast vergeblich versucht, das Gespräch auf ein anderes Thema zu bringen.

„Ja, ich glaubte schon, es würde eine Taube herausfliegen, so hoch reckte er die Arme – und am Ende war's doch wieder nur der alte Messwein“, witzelte der Onkel. Ich fand ihn widerlich, und du hast mir Leid getan.

„Übrigens das mit der Bürgerlichen ...“

Da war das Gespräch wieder bei den für uns junge Leute ungeeigneten Themen, und dir fiel ein, dass wir nun mit den Vettern spielen gehen könnten. Manchmal ist es mir gelungen, auf dem Weg über den Flur spurlos zu verschwinden und erst wieder aufzutauchen, wenn das Rattern der Räder auf der Allee verklungen war. Aber dann war es auch schon Abend und im Speisesaal wurden die Lichter angezündet.

„Habt ihr schön gespielt?“, wolltest du wissen.

„Ja“, sagte Jenny, „sehr schön.“

Sie verriet mich nicht, und ich konnte in Ruhe schlafen gehen.

Nach solchen Tagen hatte ich oft Kopfschmerzen. Immer warst du voller Sorge und hast viele Ärzte befragt. Aber sie konnten mir nicht helfen.

Bis heute ist es so geblieben.

Hinter zugezogenen Gardinen liege ich in meinen Kissen. Der Kopf im Schraubstock, die Welt hinter Nebeln, die sich mit schmerzhafter Gewalt in mein Gehirn zwängen. Kein Gedanke findet seinen Weg. Selbst blühende Bäume bleiben jenseits des Fensters.

Nachts – irgendwann zwischen eins und drei – taumle ich auf den Flur. Jemand hat eine Maschine in meinem Kopf angeworfen, die nichts als Schmerzen produziert. Wann zerbricht endlich mein Kopf, wann wird er platzen? Wieviel Bohren und Hämmern hält so ein Gehirn denn nur aus? Warum kann man es nicht öffnen und das herausnehmen, was da tobt, reibt, drückt und schlägt? Ich möchte einen anderen Kopf! Ich möchte schlafen, mein Gott, aber es tut so weh …

Um fünf Uhr stehe ich wieder am Fenster. Mir ist übel und draußen singen die Vögel. Wahrscheinlich werden Wolken heraufziehen, vielleicht ist es die Zeit der Tag- und Nachtgleiche, der Frühling beginnt, und ich muss leiden. Oder war es der Besuch gestern, das laute Reden, der Streit zwischen den Tanten? Vielleicht bin ich krank, sterbenskrank. Warum sollte so ein Kopf nach vielen Jahren nicht zerbersten? Ich gehe ins Bett, wälze mich hin und her, kann nicht schlafen.

Wenn ich die ersten Geräusche im Haus höre, stehe ich auf. Damals, beste Mama, hast du mir Kaffee gebracht, heute zwinge ich mich zu essen. Essen hilft – manchmal. Aber erst muss ich so weit kommen, dass ich am Frühstückstisch sitze. Die anderen sprechen leise, lieb und rücksichtsvoll …

So ist es immer gewesen. Nicht jeden Tag. Aber oft, zu oft. Sie sagten, ich sei kränklich, eben eine Frühgeburt, geboren um zu sterben. Doch wer ist das nicht? Manchmal wollte ich auch gar nicht leben. Aber das durfte niemand wissen, denn es war Sünde, etwas nicht zu wollen, was Gott wollte. Sein Wille war entscheidend, nicht meiner. Ich habe mich gefügt, und wenn es endlich nach einem langen Winter Frühling wurde oder ein schöner Brief kam oder ein Freund bei mir saß …, dann liebte ich das Leben wieder.

Nach Hülshoff kam der Frühling spät, und manchmal sah es so aus, als habe er uns vergessen. Man wacht im Juni auf, und die Nebel wabern um das Schloss. Der Wassermann versinkt gerade wieder in der Tiefe. Wenn ich Glück hatte, konnte ich noch die graugrünen Haarspitzen erkennen.

Doch so furchterregend sein Anblick auch war: Er war mein Freund. In den undurchdringlichen Nebel schnitt er mit seinem Dreizack seltsame Zeichen, eine Zauberschrift. Oft habe ich noch lange am Fenster gestanden, wenn er schon wieder versunken war, habe versucht, die Zeichen zu entziffern. Das war nicht leicht, denn im Tanzen der Nebelschwaden verschwammen sie und bildeten sich neu. Trotzdem konnte ich manchmal die Zeile eines Gedichtes entziffern – und dann freute ich mich, einen halben Tag lang. Leider war ich selten schnell genug, die Wassermann-Verse aufzuschreiben. So hatte ich sie mittags schon wieder vergessen, und sie lagen mit den vielen anderen Zauberworten auf dem Grund des Wassers.

Keiner außer mir wusste, wer da alles in der Gräfte, unserem Burggraben, wohnte. Mag sein, dass es sie heute gar nicht mehr gibt: die Nixen und die Wassergeister. Da war eine, die war so schön wie keine andere Frau, die ich damals kannte – und ich habe auch nie eine schönere kennen gelernt. Sie kam nur selten und nur bei Sonnenschein ganz früh morgens an die Oberfläche unter meinem Fenster.

Dann warf sie ihren Kopf zurück und rief: „Guten Morgen, Fräulein Nette! Haben Sie schön getanzt heute Nacht?"

„Ach", rief ich hinunter (natürlich flüsterte ich nur, denn die anderen schliefen ja noch), „ich würde gern mal eine Nacht durchtanzen, aber ich darf es nicht, die Mutter ist so streng."

Da hörte ich ihr Lachen, hell wie ein Glöckchen, und sie schüttelte die langen blonden Locken, dass die glitzernden Wassertropfen heraussprangen.

„Komm zu uns in den See", rief sie. „Jede Nacht ist Tanz."

Und dann verschwand sie, denn irgendwo war ein Fensterladen aufgegangen.

Natürlich sah ich sie nicht oft. Aber immer musste ich an ihre Worte denken, wenn ich abends hinaussah und der Mond sich im Wasser spiegelte. Da meinte ich, die Lichter zu sehen und die Musik zu hören, das Auf und Nieder glänzender Fischleiber zu erkennen. Und die blonden Locken meiner Nixe wehten zwischen den Wellen. Wie gern hätte ich meine Haare auch so getragen. Aber als ich sie einmal lösen wollte, bist du gerade ins Zimmer gekommen.

„Nette, mach das Fenster zu! Es kommen sonst Mücken herein."

Du hast die Läden geschlossen, die Musik verklang, und ich legte mich auf mein Bett und sprach das Nachtgebet.

Wie war mein Dasein abgeschlossen,
Als ich im grün umhegten Haus
Durch Lerchenschlag und Fichtensprossen
Noch träumt in den Azur hinaus.

Als keinen Blick ich noch erkannte,
Als den des Strahles durchs Gezweig,
Die Felsen meine Brüder nannte,
Schwester mein Spiegelbild im Teich.

...

Verschlossen blieb ich, eingeschlossen
In meiner Träume Zauberturm,
Die Blitze waren mir Genossen
Und Liebesstimme mir der Sturm.

Dem Wald ließ ich ein Lied erschallen,
Wie nie vor einem Menschenohr,
Und meine Träne ließ ich fallen,
Die heiße, in den Blumenflor.

„Spätes Erwachen" (1843/44)

2. Kapitel: Bökendorf

Sommer in Bökendorf. Das Geläut der Glocken vom Dorf herüber – über die Wiesen, die Wälder, sanfte Bergrücken, und alles, alles voll mit gelb blühendem Löwenzahn. Es war wie in den alten Geschichten: Mädchen unter der Linde und wandernde Burschen am Straßenrand, frohe, helle, breite Gesichter. Unsere Großmutter, die fromme Frau von Haxthausen, stand in weite Röcke gehüllt in der Tür, wir sprangen vom Wagen, und ich stolperte die Stufen hoch und fiel ihr um den Hals.

„Langsam, Nette!"

Aber Großmutters Lächeln – auch wenn sie gar nicht unsere „richtige" Großmama war, sondern Großvaters zweite Frau – ihr Lächeln war so wie die Wiesen um das Schloss herum, so hell und einladend, dass ich nicht anders konnte: Ich musste sie ganz fest umarmen.

Die Tanten und Onkel, so jung wie wir, denn Großvater war noch im Alter fruchtbar, kamen aus allen Ecken und begrüßten uns mit lautem Hallo. „Was seid ihr wieder gewachsen!"

Sie mäkelten an meiner Kleidung – „Aber das ist neueste Mode in Münster", versuchte ich ihnen weiszumachen – und zogen an meinen Locken.

„Fräulein Nette, heute aber wieder ganz sorgfältig gekämmt."

Sie mochten mich und mochten mich nicht. Ich ärgerte sie allzu gern.

„Schon wieder aus den Hosen herausgewachsen, August? Oder hat der Hund sie unten angenagt? – Ich dachte, ihr hättet inzwischen gelernt, wie Kavaliere eine junge Dame zu begrüßen."

„Junge Dame? Wo? Soll die gleich kommen?"

„Wartet nur!"

Morgens, gleich nach dem Frühstück, das wir gesittet am großen Tisch mit den Großeltern eingenommen hatten, lief ich in das Gelb der Wiesen hinaus. Die Bergrücken rings um das Tal (damals wusste ich noch nicht, dass es nur Hügel waren, man musste aus Münster kommen, um über sie zu staunen), diese sanften Erhebungen schienen mir wie liebevolle Wächter. Sie beschützten mein Glück.

Es gab viele bunte Schmetterlinge, denen ich nachjagte, natürlich nur, wenn es keiner sah, und lauschige Plätze zwischen alten Bäumen, wo ich mich noch besser verstecken konnte als in den Kammern von Hülshoff. Wenn mich die anderen riefen, hörte ich nicht. Ich wollte nicht hören. Sie sollten mir meine Ruhe lassen, ich brauchte sie nicht. Nicht immer. Denn die Wiesengeister, die Quellnymphen, die Bewohner der kleinen Löcher und Höhlen waren um mich, wispernd und musizierend. Sie riefen mich mit ganz anderen Namen: Prinzessin Bertha die Schöne; Ledwina die Sanfte. Aber: „Nette, Nette, wo bist du?", klang es unerbittlich vom Schloss herüber.

Dann waren meist Gäste gekommen – bedeutende Menschen, Löwen des Geistes mit gewaltigen Mähnen, die sie bei jeder Kopfbewegung zurückwarfen, wie die Brüder Grimm. Die sammelten Märchen und ließen sich von mir erzählen, was ich in den Küchen der Bäuerinnen und abends unter der Linde gehört hatte. Aber wenn ich ihnen „Rosenrot" als ein munteres Mädchen beschrieb, das der Mutter Brombeeren aus dem Wald holte und sich dabei die Beine zerkratzte, dann schüttelte Wilhelm stirnrunzelnd den Kopf. Nein, Rosenrot durfte sich nur ganz wenig von dem sanften „Schneeweißchen" unterscheiden. Und natürlich bekam Schneeweißchen den Prinzen und Rosenrot nur den Bruder – zur Strafe, weil es so wild war.

„Aber ich kenne die Geschichte anders!", widersprach ich heftig.

„Nette, sei bitte höflich", ermahnte mich Großmama, und Onkel Werner warf mir einen bösen Blick zu, so als hätte ich seine großartigen Freunde als Bären bezeichnet – was sie ja in Wirklichkeit auch waren: große Tiere, die uns in Angst und Schrecken versetzten.

Manche Geschichten habe ich darum auch für mich behalten, die Grimms hätten doch nur sanfte Prinzessinnen aus meinen Gespenstern gemacht und alle Frösche in schöne Prinzen verwandelt. Nein, ich konnte den beiden Brüdern ihre Märchen nie glauben – vor allem wegen der Frösche.

In Bökendorf habe ich auch Männer kennen gelernt. Waren es Männer? Dumme Jungen! Eingebildete Möchte-gern-Prinzen. Um ihretwillen habe ich das alles verloren: den Paradiesgarten meiner Kindheit, die Löwenzahnwiesen und den verheißungsvollen Schatten des Laubengangs an schwülen Sommertagen. Sie haben mich verjagt und einen Engel mit flammendem Schwert ans Tor gestellt, als wären sie Gott selbst.

Und ich?

Ich bin Eva, die von der verbotenen Frucht gegessen hat.

Es ist kurz vor Ostern. Ich habe den Winter ohne dich, Mama, und ohne Jenny in Bökendorf verbracht, und er ist mir lang geworden. Aber meiner Gesundheit hat das mildere Klima gut getan. Sehnsüchtig warte ich auf den Frühling.

Mit Heinrich Straube gehe ich an der Wiese entlang auf das Gut zu. Er stolpert ein wenig, weil er mich unverwandt ansieht. Wir kennen uns schon lange, aber in diesem Jahr folgt er mir auf Schritt und Tritt, sagt mir merkwürdige Dinge und hält zärtlich meine Hand, wenn ich sie ihm lasse.

Die ersten Frühlingsblumen haben sich unter der Sonne geöffnet. Nun dämmert es schon und wir müssen uns eilen. Die Großeltern, die Tanten und Onkel erwarten uns. Ganz vorsichtig berührt Heinrich mit seiner Hand mein Haar, lässt es durch die Finger gleiten. Ich mache eine heftige Bewegung und er erschrickt.

„Fräulein Nette, Ihr Haar ist so schön!"

Keinen Augenblick hat er bisher vergessen, dass ich ein adliges Fräulein bin und er nur ein bürgerlicher Student. Klug aber arm, wie die meisten Freunde, die in unserem Hause verkehren.

„Wenn dir mein Haar gefällt, warum nimmst du dir nicht etwas davon?"

Er wird rot, ich kann es gerade noch erkennen und bin zufrieden.

„Aber – aber wie, Fräulein Nette?"

„Morgen. Gehen wir morgen wieder spazieren?"

„Wenn Sie es mir erlauben."

Es läutet schon. Essenszeit. Sie werden uns alle missbilligend ansehen, wenn wir zu spät kommen. Überall im Dorf setzen sich jetzt die Menschen um den Tisch und essen. Bald wird es dunkel. Dann werden die Sterne über der Welt leuchten, und Mensch und Tier werden Ruhe finden ...

Noch kann ich in Heinrichs Gesicht das Strahlen der Augen erkennen. Er sieht mich an, immerzu.

„Ich bringe dann meine kleine Schere mit."

„Und dann darf ich ... darf ich mir wirklich eine Locke abschneiden? Ach, Fräulein Nette!"

Er wird sich doch nicht vor mir auf die Knie werfen? Ich fasse ihn schnell an der Hand.

„Kommen Sie, Heinrich! Kommen Sie, die anderen warten auf uns. Morgen bringe ich die Schere mit und Sie bringen mir ein Gedicht und lesen es mir vor. Und wenn es mir gefällt, dann dürfen Sie mir eine Locke abschneiden. Vielleicht lese ich Ihnen auch ein Gedicht vor, das ich heute geschrieben habe."

„Sie haben heute geschrieben? Oh Fräulein Nette ...!"

„Sagen Sie nicht immer Fräulein. Nette, einfach Nette ..."

„Also, also ..."

Er beginnt zu stottern, und die wirren Haare flattern ihm ins Gesicht.

„... d-das hätte ich – ich nie gewagt."

Alle Köpfe fahren herum, als wir das Speisezimmer betreten. Werner grinst, seine Brüder flüstern einander etwas ins Ohr. Anna, meine junge Tante, sieht mich finster an.

Später sitzen wir am Kamin. Einer stimmt ein Abendlied an. Sie singen falsch, vor allem die Männer, aber sie finden ihren Gesang schön: „Hört ihr Herrn und lasst euch sagen …"

Verstohlen sieht Heinrich zu mir herüber. Er würde wohl lieber ein Liebeslied singen, statt dessen macht er heimliche Zeichen mit den Händen. Ich kann sie deuten: Er wird schreiben heute Nacht, die ganze Nacht.

Ich verabschiede mich bald.

Als ich in meinem Zimmer das Fenster öffne, fährt kalter Wind über mein glühendes Gesicht. Lange sitze ich noch. In mir singt es und klingt, Vers reiht sich an Vers. Für die Großmutter schreibe ich noch ein Lied, aber in Wirklichkeit handelt es von mir und nicht von der frommen Großmama:

„Du schnöder Körper, der
Mich oft verführt,
Mit Welt und Sünde schwer
Mein Herz gerührt,
Noch hast du Leben!
Bald liegst du starr wie Eis,
Der Würmer Spott,
Den Elementen preis!
O möge Gott
Die Seele heben!"

Ich wälze mich in den Kissen, in meinen Ohren saust das Blut. Morgen werde ich Heinrich eine Locke schenken …

Straube kehrt nach Göttingen zurück. Doch ein Versprechen bindet uns: Im September sehen wir uns in Hülshoff wieder, lesen einander Gedichte vor, streifen durch Felder und Wiesen, sehen den Wolken nach, lagern uns vielleicht im Schatten der Linde oder sitzen sanft aneinander gelehnt auf einer Gartenbank … Meine Gedanken muss ich in Acht nehmen, sie dürfen mir nicht davonstürmen, wer weiß, wohin. Ich muss den ganzen Sommer warten.

Es wird warm, dann schwül, es gibt schwere Gewitter. In Bökendorf kommen und gehen die Gäste. Ich ziehe mich zurück und suche dann doch wieder ihre Gesellschaft. Aber was ich auch tue, immer sehen die Männer mich an, kopfschüttelnd, fragend.

Anna meint, ich sei kokett, weil ich ihnen spöttische Antworten gebe, und ich sei hochmütig, weil ich mehr weiß als die anderen Mädchen. Dann bitte ich Gott um Verzeihung, aber es gelingt mir nicht, mich zu bessern und so sittsam zu sein, wie die Großmama es gern hat.

Eines Tages bringt der Onkel wieder einen Freund ins Haus, den alle geistvoll nennen: August von Arnswaldt. Er ist schön wie ein Prinz.

„Sie lieben meinen Freund Straube?"

Er bringt mich in Verlegenheit, denn ich habe mit Papa und Mama noch nicht darüber gesprochen. Ich weiß nicht, was ich bekennen soll und was ich besser verschweige. Heinrich ist nicht von Adel, Protestant und arm. Mama fand ihn charmant, als er in Hülshoff war, aber ein Schwiegersohn? – Nein, unmöglich.

Ich will nicht darüber nachdenken.

„Wir haben einander Gedichte vorgelesen."

„Weiter nichts?"

Warum quält mich Arnswaldt mit seinen Fragen? Warum brennen seine Augen und bohren sich durch meine Stirn, als wollten sie in mein Gehirn eindringen? Da ist etwas um seinen Mund – wie von schwerem Leiden. Und er greift nach meiner Hand.

Die Mädchen machen Arnswaldt schöne Augen, auch Anna.

„Was hast du mit ihm geredet?"

Sie ist dicht hinter uns gegangen und hat doch nichts verstanden.

„Ach, dies und das. Er ist ein Freund von Straube."

„Ich weiß."

Anna sieht mich fragend an. Sie hätte auch gern einen Verehrer, aber bitte einen mit Vermögen und Adelsprädikat. Ich mag Anna gern, denn sie ist klug, zeigt es nur leider nicht, weil sie meint, dass die Männer das nicht schätzen. Aber hat nicht Straube gerade meine Klugheit gerühmt? Das kann Anna nicht verstehen. So erzähle ich ihr lieber eine Gespenstergeschichte, und sie lacht.

„Wie schaurig, Nette! Ich habe eine Gänsehaut bekommen."

Das wollte ich auch. Warum sollen die bleichen Gesichter nur mich allein besuchen?

Am Abend singt der Onkel wieder zur Gitarre, und Arnswaldt sieht mich immerzu an. Mir wird heiß. Ich möchte aus dem Salon flüchten, aber beim Hinausgehen hält mich Onkel Werner fest:

„Hier geblieben! Wir legen großen Wert auf deine Meinung zu dem Lied." Hohn klingt in seiner Stimme.

So stelle ich mich neben die Tür, und als alle den Onkel loben, sage ich auch etwas, irgendetwas. Arnswaldt verzieht den Mund. Auf seinem Gesicht liegt wieder diese Traurigkeit, die ich nicht deuten kann. Ich schleiche mich hinaus.

Später sitze ich in meinem Zimmer vor einem Blatt Papier. Ich will an Straube schreiben, ihm von meiner Sehnsucht erzählen. Aber hinter zwei brennenden Augen verschwimmt das Bild des Freundes. Meine Hand scheint unfähig, sich zu rühren. Es ist eine schwüle Nacht. Ich denke, dass mir draußen besser wird, und steige die Treppe hinunter. Im Salon sitzen sie noch zusammen. Vom Flur aus sehe ich Annas gelangweiltes Gesicht.

Leise öffne ich die Tür zum Garten. Da weht frischer Wind herein, und die Sterne blinken, dass mir die Brust weit wird. Ich versuche an Straube zu denken und wie wir einmal nachts durch den Garten geschlichen sind. Plötzlich fasst mich von hinten eine Hand. Sie lenkt mich mit sanftem Druck zur grünen Bank, die im Schatten des Laubes wie in einer Grotte steht. Ich zittere am ganzen Körper.

„Nette!"

„Was willst du?"

„Nette, ich liebe dich."

Er zieht mich an sich. Seine Arme sind stark.

„Hör zu, Nette, es darf niemand wissen. Du darfst es niemandem sagen! Ich verschmachte nach dir. Du bist so anders als andere Mädchen ... so wild, so klug. Deine Augen machen mich verrückt."

Er bebt, und in mir bricht ein Feuer aus, in dem Straubes Bild verbrennt.

Am Morgen nach dem Frühstück folgt Arnswaldt mir unauffällig in den Laubengang. Die Stimmen der anderen verklingen hinter uns, nur der alte Gärtner schlurft vorbei.

„Ich habe Straube versprochen ...", flüstere ich.

Er schüttelt heftig den Kopf.

„Heinrich wird es nie erfahren. Sei nicht grausam, Nette! Heute Abend – auf der Bank. Wenn die andern zu Bett gehen. Du wirst kommen, ja? Bitte!"

Sein Blick fleht. Worum fleht er? Was will er? Mir ist so bang ums Herz.

Am Abend sitzt die ganze Gesellschaft lange auf der Terrasse. Es ist drückend heiß, und über den Hügeln ballen sich Gewitterwolken zusammen. Ganz fern in der Richtung von Paderborn blitzt es, aber wir bleiben verschont.

Arnswaldt rutscht auf seinem Stuhl hin und her, gähnt und reckt sich, als wollte er mir seinen ganzen Körper zeigen, seine kräftigen Arme, seine Brust.

Meine Finger spielen mit meinem Haar, ich kann sie nicht still halten. Die Stimmen der anderen höre ich wie Musik vorüberrauschen. Sie reden vom Unterschied zwischen protestantischem und katholischem Familienleben, von modernen Frauen und adligen Müttern, die ihre Kinder selbst stillen.

Arnswaldt schweigt. Und auch mir fällt keine spöttische Bemerkung ein.

„Nette ist so still. Sie ist krank oder müde", meint Onkel Werner. Aber er sieht nicht so aus, als mache er sich Sorgen um mich.

Endlich kommt frischer Wind auf. Das Gewitter hat sich verzogen, die ersten verabschieden sich und gehen zu Bett. Arnswaldt folgt ihnen bald, nicht ohne mir vorher einen bedeutungsvollen Blick zuzuwerfen. Als ich aufstehen will, versagen mir fast die Füße. Ich flüstere: „Gute Nacht" und schleppe mich durch den Gang zur Seitentür, die halb offen steht.

Draußen rauscht die Sommernacht voller Geheimnis und Gefahr. Mir wird besser, als ich die klare Luft einatme. Eine schmale Mondsichel schiebt sich zwischen Wolkenfeldern hindurch.

Vor mir auf dem Weg glitzern zwei Lichter. Ich fahre erschrocken vor den Augen der Katze zurück. Irgendwo pfeift es im Gebüsch, und an der Bank rührt sich ein Schatten.

„Komm, meine Freundin, komm!"

Zwei Arme strecken sich nach mir aus, noch im Dunkeln sehe ich seine Augen brennen.

Beim Frühstück spielt ein Lächeln um seine Lippen, vor dem ich erschrecke. Noch erinnert sich meine Haut an das Streicheln seiner Hände, aber nun ist es seltsam kalt zwischen uns.

Trotzdem drängt er sich am Mittag wieder dicht an mich heran und flüstert: „Heute Abend. Ich erwarte dich."

Kurz vor Einbruch der Dunkelheit beginnt es zu regnen. Ich stehe am Fenster und starre in die Nacht hinaus. Wenn ich einen Schritt im Haus höre, fahre ich zusammen, aber meine Tür wird nicht geöffnet.

Vom Wetterumschwung werde ich matt und krank. Mit Kopfschmerzen, Übelkeit, Fieberanfällen liege ich im Bett, Anna bringt mir Tee, dazu ein wenig Weißbrot. Sie hat es immer sehr eilig, wieder hinunterzugehen.

Als ich es am Abend schaffe aufzustehen und mich in den Salon zu schleppen, scheinen die andern bei meinem Anblick zu erstarren. Mitten im Satz bricht das Gespräch ab.

„Oh – die leidende Jungfrau", bemerkt Arnswaldt spöttisch. Seine Augen sind leer und kalt.

Ich sehe mich ratlos um. Die Gesichter der Verwandten sind verschlossen, nur die Großmutter lächelt ein wenig. Ich setze mich an ihre Seite und warte. Aber es will kein Gespräch mehr in Gang kommen. Etwas wie ein Netz zieht sich um mich zusammen, immer fester. Ich bekomme Atemnot und möchte mich zurückziehen. Großmutter ruft eine Magd, die mich in mein Zimmer begleitet.

Dann will ich nur noch nach Hause, zu meinen Eltern, zu Jenny. Ich werde Straube alles erklären – im September. Und Arnswaldt will ich nicht mehr sehen. Er trägt ein seltsames Lächeln zur Schau, als habe er sich einer Last entledigt. Aber mir liegt es wie ein Zentnergewicht auf der Brust, wenn ich nachts im Bett liege und seine lockende Stimme höre: „Komm, Nette, komm, meine Freundin …"

Am Tag, wenn wir uns im Salon oder beim Essen begegnen, fragt er spöttisch: „Nun – wieder einen passenden Reim gefunden?"

Sobald ich mich ans Klavier setze, verlässt er den Raum. Wilde Töne schicke ich ihm nach, und wie unter einem furchtbaren Zwang richte ich es ein, dass ich ihn auf dem Flur treffe. Er macht kehrt und läuft aus der Tür, aber ich folge ihm bis in den Schatten des Laubengangs.

„Ich weiß jetzt", keuche ich, „dass ich Straube liebe. Ich wollte es nicht …"

Da streckt er noch einmal die Hand aus und streicht wie ein Sieger über meine Brüste.

„Hübsch, hübsch für eine so moralische Jungfer!"

Es tut mir weh, als habe er mir mit einem Messer in die Brust geschnitten, und ich flüchte ins Zimmer. Mit der Eilpost geht ein Brief nach Hülshoff.

Aber ich kann nicht einfach abreisen, ich muss warten. Anna und Großmama kommen mit nach Hülshoff, so war es besprochen, und da gibt es viel zu packen. Eine Woche lang sind die Mägde beschäftigt. Großmutter selbst sitzt mit dem Gebetbuch auf dem Schoß im Sessel und sieht mich an. Ich möchte manchmal einfach nur meinen Kopf auf ihren Schoß legen und weinen. Aber die anderen ... So schreibe ich mit zitternden Händen Gedichte und verstecke sie unter meinem Kopfkissen.

Auch Arnswaldt packt. Bis zum letzten Augenblick hoffe ich, dass er an die Tür klopft, beschämt, freundlich. Ich möchte ihm Grüße für Straube auftragen, er soll ihm sagen, dass ich ihn im September erwarte. Und das andere – soll vergessen sein.

Aber ich hoffe vergebens. Als ich morgens in den Salon komme, stehen sie alle an der Tür mit dem Rücken zu mir. Er umarmt seine Freunde, lacht und winkt, schwingt sich in die Kutsche, und mir wird schwarz vor Augen, als das Rattern der Räder auf der Allee verklingt.

„Ach du, Nette – ?“

Sie drehen sich um, einer nach dem anderen. Ihre Blicke sind kalt.

„Habt ihr euch nicht verabschiedet?“, fragt Anna.

Endlich ist es soweit. Anna und ich sitzen in der Kutsche, Großmutter gegenüber. Die Pferde setzen sich in Bewegung. Mir wird so übel, dass ich mich fast übergeben muss. Anna rückt von mir ab. Und hinter mir schließt sich ein Tor – endgültig und für immer.

Zu Hause habe ich kaum meine Koffer ausgepackt, da wird mir ein Brief gebracht. Straube und Arnswaldt haben ihn unterzeichnet. Beide. Sie hätten mich auf die Probe stellen wollen. Und Arnswaldt wollte seinen Freund nicht etwa betrügen, sondern nur vor mir retten, da er ja schon gewusst habe, was für ein treuloses, kokettes und verworfenes Frauenzimmer ich sei.

Damals, in jenem Herbst, wollte ich nicht mehr leben. Ich fürchtete nur, es würde im Jenseits etwas noch Grässlicheres auf mich warten als das höhnische Lächeln eines August von Arnswaldt.

Lange habe ich krank im Bett gelegen, und du, Mama, hast nach dem Arzt geschickt. Du hattest natürlich „etwas“ gehört, alle hatten sie „etwas“ gehört, aber keiner sprach ein Wort. Dein Gesicht war starr wie aus Stein gehauen, wenn du mich angesehen hast. Nur Papa versuchte, sich nichts anmerken zu lassen, rief mich in seine Bibliothek, und wir beschäftigten uns mit dem Spuk vergangener Zeiten und vergaßen für ein paar Stunden die Gespenster der Gegenwart.

Jenny seufzte manchmal, wenn sie von anderen Mädchen sprach, die heirateten und Kinder bekamen. Jenny hätte gern geheiratet, aber es schien, als würde der Skandal, den ich verschuldet hatte, auch ihre Heiratschancen beeinträchtigen. Vielleicht aber war es nur deine Angst, Mama, die uns alle beherrschte.

Als der Arzt kam, wie immer wenn ich mit Übelkeit und Kopfschmerzen im Bett lag, fragte der alte Mann doch nach meiner Menstruation. Habt ihr tatsächlich gedacht …?

Wenn du doch nur einmal etwas gesagt hättest! Wenn ich etwas hätte erklären können! Aber du hast geschwiegen. Nur das tiefe Leiden war als Vorwurf in dein Gesicht eingegraben: Deine Tochter war ein unmoralisches Frauenzimmer! Hättet ihr mich zum Scheiterhaufen geführt, ich glaube, ich hätte nicht um Gnade gefleht. Aber die Kälte, das Schweigen, der nie ausgesprochene Vorwurf: Sie drückten mir die Brust zusammen, so dass ich endlich nur noch wimmern konnte: Gnade! Gnade! Aber niemand hörte.

Ich beichtete. Ich betete. Ich rang die Hände vor dem Kreuz meines Erlösers und weinte, weinte, weinte. Du hast mein Gesicht gesehen, wenn wir aus der Messe kamen – und hast nichts gesagt. Bei den Menschen gibt es keine Gnade.

Vielleicht wäre die Wunde nach ein paar Wochen langsam verheilt, aber Anna wollte sie unbedingt noch einmal aufreißen und schrieb mir einen Brief, um mich ja in die tiefste Tiefe der Hölle zu verbannen. Sie, die Gute, Fehlerlose, Moralische, fragte teilnahmsvoll nach meiner Reue und Besserung.

Kurz vor Weihnachten antwortete ich ihr. Ich flehte sie an. Ich nahm alle Schuld auf mich, als hätte ich und nicht ein August von

Arnswaldt einem Menschen wie der leibhaftige Böse mitgespielt. Ich hoffte, dass Straube von meiner Not erfahren würde. Er sollte nicht glauben, was sie ihm erzählt hatten, er sollte wissen, dass alles ganz anders gewesen war. Und meine Locke ... sollte er nicht ins Feuer werfen.

Aber Anna kannte keine Gnade. Für sie war ich aussätzig. Und zehn Jahre später heiratete sie Arnswaldt.

Da endlich habe ich begriffen: Dieser Arnswaldt war kein schöner Prinz, sondern eine widerliche Kröte, und auch Straube war kein Held, der für die geliebte Prinzessin sein Leben einsetzte. Mag sein, es war gut so; gut, dass ich keinen geheiratet habe. Der arme Mann hätte zum Geburtstag Gedichte bekommen statt eines gestickten Wappens, und den Kindern hätte ich Geschichten erzählt, statt ihnen Kleider zu nähen. Nachwuchs gab's auch so genug in unserer Familie. Die arme Frau meines Bruders wusste nach ein paar Jahren schon nicht mehr, wie es ist, wenn man keine Frucht im Leibe trägt. Nein, es war gut so, nicht wahr, Mama?

Du hast jedenfalls alle, die sich für mich interessierten, wissen lassen, dass ich zur Ehe völlig ungeeignet sei. Auch als sich später noch einmal einer mit viel Charme und tiefen Verbeugungen um mich bemühte (Ich weiß nicht mehr: Hieß er Alfred? Hieß er Albert? Er war jedenfalls ein fröhlicher Rheinländer, katholisch und nicht unvermögend), da hast du nur abgewinkt: Unentbehrlich sei ich für die Familie, an eine Heirat gar nicht zu denken. Ich hatte ihm zwar schon mein Ja-Wort gegeben, nahm es aber wieder zurück. Es war besser so, ja, Mama, ich sollte bei dir bleiben als deine gehorsame Tochter.

Aber Bökendorf habe ich in jenem Sommer verloren. Als ich siebzehn Jahre später wieder dorthin kam, waren die Wiesen nicht mehr gelb, die Hügel hatten sich gesenkt, die grüne Bank an der Taxuswand war zerbrochen, und ich – war eine alte Frau.

Ich stehe gern vor dir,
Du Fläche schwarz und rau,
Du schartiges Visier
Vor meines Liebsten Brau ...

Denn jenseits weiß ich sie,
Die grüne Gartenbank,
Wo ich das Leben früh
Mit glühen Lippen trank,
Als mich mein Haar umwallte
Noch golden wie ein Strahl,
Als noch mein Ruf erschallte,
Ein Hornstoß durch das Tal.

Das zarte Efeureis,
So Liebe pflegte dort,
Sechs Schritte – und ich weiß,
Ich weiß dann, dass es fort.
So will ich immer schleichen
Nur an dein dunkles Tuch
Und achtzehn Jahre streichen
Aus meinem Lebensbuch.

Du starrtest damals schon
So düster treu wie heut,
Du, unsrer Liebe Thron
Und Wächter manche Zeit;
Man sagt, dass Schlaf ein schlimmer,
Dir aus den Nadeln raucht –
Ach, wacher war ich nimmer,
Als rings von dir umhaucht!

Nun aber bin ich matt
Und möcht an deinem Saum
Vergleiten wie ein Blatt,
Geweht vom nächsten Baum;
Du lockst mich wie ein Hafen,
Wo alle Stürme stumm:
O, schlafen möcht ich, schlafen,
Bis meine Zeit herum!

„Die Taxuswand" (1841/42)

3. Kapitel: Am Rhein

Als wir uns Bonn näherten, schien es mir, als würde der Himmel immer heller, immer weiter. Dabei war die Gegend nicht mehr flach wie bei uns in Westfalen. Riesige Drachen lagerten vor dem Horizont; ich – natürlich nur ich – sah manchmal, dass Feueratem aus ihren Nüstern quoll, dass der Schwanz sich rührte, und ich wurde vor Schreck fast ohnmächtig, als plötzlich einer den Rücken bäumte. Ich fürchtete, dass er aufstehen würde.

Onkel Werner und Tante Betty lachten über mich. Sie meinten, wir hätten nur eine Kurve genommen und dann wäre die Kutsche über große Steine geholpert. Nein, von Drachen wollten sie nichts wissen. Aber im Gegensatz zu meinem Onkel fand Betty es amüsant, wenn ich ihr meine Beobachtungen mitteilte.

„Oh, Nette, wie hübsch! Was du dir alles vorstellst!", gluckste sie. „Mit dir zu reisen ist gar nicht langweilig."

Nach und nach färbte der Himmel sich aber wirklich rot vom Feueratem der Sonne, und Betty sah begeistert hinaus, während Onkel Werner den Kutscher beschimpfte, weil der noch kein Gasthaus gefunden hatte. Gleichzeitig ermahnte er ihn, nicht zu schnell zu fahren, denn die Chaussee lag schon im Dunkeln, und im Schatten der Bäume waren die Löcher auf dem Weg kaum noch zu erkennen.

Es war spät, als ich dann endlich in einem zugigen Zimmer meine schmerzenden Knochen im Bett ausstrecken wollte. Aber die Haut zog sich mir zusammen vor Kälte und Feuchtigkeit. Missmutig brachte mir die Magd eine Wärmflasche, die ich mir an die Füße presste, so dass sie fast verglühten, während gleichzeitig die Zähne vor Kälte klapperten. So lag ich lange wach, dachte sehnsüchtig an den Kamin in Hülshoff und mein warmes Bett, während in der Gaststube betrunkene Kutscher grölten.

Aber am Morgen, als sich der Nebel hob und Sonnenstrahlen

meine Nase wärmten, da war es mir, als sei ich auf dem Weg in das Land meiner Sehnsucht. Denn die Bäume leuchteten in den schönsten Farben, die Häuser waren mit Blumen geschmückt und unter dem milden Himmel lagen bewaldete Berge! Berge! Keine Dornenhecken, keine sandigen Wege, kein Schlamm, kein glucksendes Moor: Mir tat es fast weh um mein liebes Westfalen, das ich so arm finden musste vor dieser grün und rot und gelb leuchtenden Pracht.

Auf der Rheinbrücke beugte ich mich weit hinaus und sah unter uns das Wasser – breit und tief, tiefer, viel tiefer als die Gräfte von Hülshoff und das Flüsschen Aa in Münster. Was mochten da unten für Wassergeister hausen? Aber ehe ich sie mir so richtig vorgestellt hatte, waren wir schon auf der anderen Seite.

Später kamen wir dann nach Köln. Ich sah so viele Türme in den Himmel ragen, dass ich dachte, so müsste das „neue Jerusalem" aussehen. Betty schaute gar nicht hin, sie kannte das schon, und Onkel Werner erklärte mir: „Groß Sankt Martin, Sankt Maria, Sankt Kunibert, Sankt Maria im Kapitol … Es wird Zeit, dass du mal etwas anderes zu sehen bekommst als westfälische Wasser-schlösser!"

„Aber als Erstes kaufen wir dir ein neues Kleid – und ich besorge dir richtige Strümpfe", meinte Betty mit einem etwas verächtlichen Blick auf mein Reisekleid.

Ich wurde ein bisschen rot, sah auf meine gestrickten Strümpfe und dachte an deine vielen Ermahnungen, liebe Mama: „Stellt euch nicht der Welt gleich …" und so weiter. Ob damit auch seidene Strümpfe gemeint waren?

Hinter mir lagen einsame Jahre, Jahre der Zerknirschung, der halb-herzigen Reue. Sommer ohne Bökendorf und ohne Lachen unter dem grauen Himmel des Münsterlandes. In meinen Träumen ver-folgten mich schreckliche Ungeheuer, schreiende Weiber mit auf-gelösten Haaren. Ich kannte sie aus den uralten Mythen: die schreckliche Furien, die Rachegeister ... Morgens wagte ich manchmal kaum die Augen zu öffnen aus Angst, ein Schreckgespenst an meinem Bett zu sehen. Aber es war dann doch nur ein neuer grauer Tag vor dem Fenster des Schlosses.

Sicher hat irgendwann auch einmal die Sonne geschienen in diesen Jahren, aber sie ist nicht bis in meine Kammer, bis in mein Herz gedrungen. Wie hinter einer mit drei Schlössern gesicherten Tür habe ich gelebt – allein. Keiner wusste von meinen Schmerzen. Nur die Gedichte, die ich schrieb, die niemand gelesen hat, die Gedichte sprachen davon.

Nein, es stimmt nicht, dass niemand sie gelesen hat. Einmal hast du darin geblättert, Mama, und die Vorrede gründlich studiert:

„Dieses Buch ist geschrieben für die geheime, aber gewiss sehr verbreitete Sekte jener, bei denen die Liebe größer ist wie der Glaube, für jene unglücklichen aber törichten Menschen, die in einer Stunde mehr fragen, als sieben Weise in sieben Jahren beantworten können ..."

Ich hätte wissen müssen, dass du nicht zu denen gehörst, die mehr Fragen als Antworten haben. Ich hätte es wissen müssen, aber ich habe dir trotzdem diese Gedichte geschenkt, denn etwas Besseres hatte ich nicht zu schenken. Und ich habe sie dir gewidmet, Mama, in derselben Hoffnung wie damals, als ich in Bökendorf noch glaubte, Arnswaldt würde auf einmal in der Tür stehen und sagen: „Liebe Freundin, ja, wir scheiden voneinander, aber alles ist gut." Oder Straube würde mir schreiben: „Meine Liebe zu dir ist so groß, dass kein Verdacht, kein Verrat und keine Enttäuschung sie auslöschen können."

Arnswaldt ist nicht gekommen, Straube hat mir nie geschrieben – und du, Mama, hast geseufzt und die Gedichte beiseite gelegt. Obwohl du als Einzige in meine Seele blicken konntest, aus der meine Verse wie Feuerzungen herauszuckten, hast du kein Wort gesagt; keines, das mir Linderung gebracht hätte in all diesen Jahren. Nur wenn ich im Fieber lag und mich vor Schmerzen nicht mehr rühren konnte, dann waren deine Hände kühl und sanft. Aber in meiner aufgewühlten Brust brodelte und kochte es nur um so mehr.

Als ich die Gedichte wiederfand, immer noch im Speisezimmer auf der Anrichte, unberührt, wie mir schien, da habe ich sie weggenommen. Ich wollte natürlich, dass du mich fragst: „Nette, wo sind die Gedichte, die du mir zum Namenstag geschenkt hast?" Oder: „Nette, die Gedichte gehören mir. Warum hast du sie weggenommen?" Oder: „Ich muss sie noch einmal lesen. Gib mir die Gedichte wieder, Nette!"

Stattdessen: Nichts. Gar nichts.

Ich legte sie in meinen Schreibsekretär, und die Stiche in meiner Brust ließen mich nachts nicht schlafen. Tagsüber war ich bleich, oft der Ohnmacht nahe. Ich hörte, wie du mit Papa über meine Gesundheit sprachst – nicht über meine Gedichte.

Ärzte kamen und gingen. Einer saß lange an meinem Bett, als ich wieder einmal vor Schmerzen und Schwäche nicht aufstehen konnte. Er hielt meine Hand, fühlte meinen Puls und versuchte mir in die Augen zu sehen. Etwas an seinem Blick machte mich unsicher. Ich drehte den Kopf zur Wand.

Kurz danach hieß es: Luftveränderung! Das Fräulein braucht unbedingt Luftveränderung. Aber nicht wieder eine Kur in Bad Driburg, wo sie sich zu Tode langweilt. Nein, es müsste wohl eine andere Landschaft sein, eine Stadt, ein Fluss – der Rhein!

Ich weiß nicht, wie dieser seltsame Arzt es dir erklärt hat, Mama, warum gerade der Rhein. Aber du warst überzeugt davon, dass er Recht hatte.

Nun wurde eine Möglichkeit gesucht, denn es war natürlich völlig ausgeschlossen, dass ich allein reiste. Die Möglichkeit fand sich – Onkel Werner hatte geheiratet. Der spöttische Herr von Haxthausen aus Bökendorf, der König aller Salonlöwen. Und seine Frau kam aus Köln, wo er seit zehn Jahren ein Amt hatte – nur noch für kurze Zeit, wie sich dann herausstellte. Er taugte wohl nicht für das Rheinland. Aber nun hieß es erst einmal, der Tante würde

meine Gesellschaft gut tun – warum nur? –, und ich hätte Luftveränderung nötig.

Glücklich warst du nicht, liebe Mama. Die Welt war so voller
Gefahren und deine kleine dumme Nette auf der anderen Seite des
großen Flusses ... Du musst sehr besorgt um meine Gesundheit
gewesen sein, dass du dennoch zugestimmt hast.

Als wir die Koffer packten, ging es mir schon besser. Nur meine
Gedichte ließ ich zurück, verschlossen im Schreibtisch. Du hast mir
geraten, nichts mitzunehmen, was dem Onkel vielleicht nicht
gefallen könnte. Und für meine Gedichte hätte er sicherlich nur
Hohn und Spott übrig gehabt.

Betty, meine neue Tante, war trotz ihrer knapp vierzig Jahre noch
recht ansehnlich, reich und so dumm, wie es sich für die Frau eines
klugen Mannes (und Onkel Werner hielt sich dafür) gehörte. Ich
konnte sie viel leichter zum Lachen bringen als die westfälischen
Verwandten, die meine Witze manchmal erst nach zwei Tagen ko-
misch fanden. So hatten wir von Anfang an eine gute Zeit miteinander, sie und ich. In ihrer Gegenwart vergaß ich meine Sünden,
vergaß meine Gedichte und war albern wie ein Kind.

Manchmal allerdings hörte ich im Innern deine Stimme, sah, wie
du die Augenbrauen hochziehst und dein Blick streng wird. Wenn
ich dann allein in meinem Zimmer war (ein Zimmer, von dem aus
man in schöne alte Bäume sehen konnte), dann begann ich zu
zittern vor Angst und Schrecken, weil ich mich so an den Leichtsinn
der Welt verloren hatte. Alle deine guten Ermahnungen hörte ich
und wollte dir darauf antworten. Ich nahm mir ein Blatt Papier,
begann einen Brief und wusste schon nach zwei Sätzen nichts mehr
zu schreiben. Das durfte doch nicht sein!

In den Bäumen vor meinem Fenster hüpften die Vögel herum,
plusterten sich auf gegen die herbstliche Kälte und kamen bis auf
das Fensterbrett, um mich genau anzuschauen. Ich unterhielt mich
mit ihnen, statt an dich zu denken. Und dann hörte ich Tante Betty
rufen. Sie brauchte meine Gesellschaft.

Ich ließ das Blatt liegen und sprang hinaus, flüchtete, wenn du so willst, machte Späße und kicherte mit der Tante über die Gesellschaftsnachrichten, die wir in der Zeitung lasen. Da hatte doch schon wieder eine reiche junge Frau ihren griesgrämigen Ehemann mit einem Franzosen betrogen! Du kannst es dir nicht vorstellen, Mama, was in einer Stadt wie Köln alles passierte! Und ich habe es dir auch nicht geschrieben, denn sonst hättest du mich wohl zurückgeholt in die Sicherheit von Schloss Hülshoff. Stattdessen erzählte ich dir in meinem Brief dann von dem neuen Dampfschiff, das unter großer Anteilnahme der Öffentlichkeit – Tante Betty und mich eingeschlossen – auf dem Rhein stampfte und fauchte, Furcht erregend in seiner Kraft.

Dieses Erlebnis hatte mich so aufgeregt, dass ich zu Hause bei Onkel und Tante, als ich dem Mädchen den Tisch decken half, eine Karaffe aus reinem Kristall fallen ließ. Sie zerbrach in tausend Scherben. Ein wertvolles Stück! Wenn ich es hätte bezahlen müssen – o weh, ich wäre monatelang arm wie eine Kirchenmaus gewesen. So kroch ich am Boden, sammelte die Scherben auf, und meine Tränen tropften in den verschütteten Wein. Über mir, so meinte ich ganz sicher, müsste sich nun ein fürchterliches Unwetter zusammenbrauen. Mein armer Kopf schmerzte schon, bevor ihn der erste Blitzschlag traf.

Und da geschah etwas Unglaubliches. Eine Erscheinung der Gottesmutter – verzeih mir, geliebte Mama –, aber ich fürchte, sie hätte mich nicht so getroffen, wie das, was ich plötzlich über mir hörte: Lachen! Ein lautes, schallendes Gelächter!

„Sie badet! Das Fräulein aus Westfalen badet sich im rheinischen Weißwein! Köstlich, Nette, köstlich! War das die alte Karaffe von meiner Mutter? Wie gut. Ich wollte sie schon immer einmal fallen lassen. Es gibt so schöne neue Formen aus Italien. Werner!"

Hinter Betty stand mein Onkel Werner, und er machte ein Gesicht wie ein westfälischer Adliger, dem die Ernte verregnet ist, obwohl er doch weit in der Welt herumgekommen war und sogar am Wiener Kongress teilgenommen hatte. Onkel Werner runzelte die Stirn. Ich bin sicher, er rechnete nach, was die Karaffe wert gewesen war. Aber da er grundsätzlich mit seiner Frau nicht über Geld sprach (es war schließlich ihr Geld, von dem sie lebten), verzog er nur ein wenig den Mund und meinte: „Steh bitte auf!"

Das Mädchen, dankbar, dass nicht ihr das Missgeschick passiert war, brachte schon Lappen und Besen, und Betty sagte im Hinausgehen: „Pass auf deine Hände auf, dass du dich nicht schneidest!"

Beim Essen trank ich reichlich Wein und dachte nicht mehr an Kopfschmerzen. Ich wurde richtig übermütig und schlug vor, ein Lied auf das neue Dampfschiff zu singen. Onkel Werner, dessen Liebe dem Mittelalter gehörte, zog sich mürrisch in sein Arbeitszimmer zurück, aber ich setzte mich ans Klavier und erfand eine Melodie, zu der Betty und ich die Geräusche des Dampfers nachmachten: „Zisch – zusch – zisch – zusch – uuh!"

Es wurde ein wirklich lustiger Abend. Wir lachten, bis uns die Brust weh tat. Und als ich im Bett lag, träumte ich, dass ich ein Dampfschiff wäre, das über die Gräfte von Hülshoff fuhr.

In diesen ersten Tagen in Köln lernte ich die Mertens kennen.

„Da ist sie – die ‚Rheingräfin'", flüsterte Betty mir zu. Eine zarte junge Frau stand am Eingang des Salons und war sofort von den verschiedensten Damen und Herren der Gesellschaft umgeben. Nur Onkel Werner stand mit dem Gastgeber, einem langweiligen Professor, in der Ecke und tauschte sich mit ihm über mittelalterliche Handschriften aus.

Ich hatte keinen Grund, mich vorzudrängen. Es war mir auch bewusst, dass mein schlichtes Kleid, an einigen versteckten Stellen von dir, Mama, liebevoll geflickt, mich sofort als „Fräulein vom Lande" verraten würde – trotz der neuen seidenen Strümpfe, die Betty mir geschenkt hatte. Aber ich beobachtete die Frau mit den dunklen Locken sehr aufmerksam.

Ihr Blick hatte etwas Unstetes. Für die Bekannten, die sich um sie drängten, schien sie kein Interesse zu haben. Zwar redete sie mit ihnen, wie man Vögeln im Winter Körner hinwirft, aber ich bedauerte nicht einmal, dass ich im Stimmengewirr nicht hörte, was sie sagte. Es war allzu deutlich, wie unwichtig sie alles um sich herum fand.

„Ihr Vater ist einer der reichsten jüdischen Bankiers, nun hat sie auch noch einen reichen Mann geheiratet, aber die Ehe …", Betty wiegte bedeutungsvoll den Kopf, „… naja, bei so viel Geld kommt es darauf wohl auch nicht an."

In dem Augenblick tat Betty mir Leid, denn worauf kam es wohl in ihrer Ehe an? Schließlich sollte Bettys Geld Bökendorf retten, das war ein offenes Geheimnis, das selbst du, meine liebe Mutter, die du immer nur von der Heiligkeit der Ehe gesprochen hast, vor uns nicht verbergen konntest. Bökendorf retten! Für mich war Bökendorf verloren, so oder so, und darum tat Betty mir Leid, mitten in dem Lärm der Gesellschaft, wo sie sich über die Ehe von Sibylla Mertens auslieh.

Ich kann nicht sagen, wodurch ich die Aufmerksamkeit Sibyllas auf mich zog. Ich wurde ihr vorgestellt, wir wechselten ein paar – wie mir schien – belanglose Worte, aber sie zog sich schon bald zurück, es hieß, sie sei unwohl. Umso erstaunter war ich, als zwei Tage später eine Nachricht für mich im Haus des Onkels abgegeben wurde. Ich wurde gebeten, die Mertens noch im Laufe desselben Tages in ihrem Stadtpalais aufzusuchen. Sie wünsche dringend mich kennen zu lernen.

Mich kennen lernen! Wie konnte das jemandem wichtig sein? Ich war gerade dabei, wieder meine Koffer zu packen, um zu meiner Freundin Wilhelmine nach Koblenz weiterzureisen. Diese Reise war schon lange verabredet, auch Betty und Onkel Werner waren damit einverstanden. Du, liebe Mama, hättest das Wiedersehen zwischen mir und der „Generalin", wie sie in Münster genannt wurde, sicherlich gern verhindert. Aber wegen der Luftveränderung konntest du nichts Rechtes dagegen einwenden, schließlich

46

wohnte Wilhelmine inzwischen in Koblenz, wo das Klima für mich geradezu ideal sein sollte.

Wilhelmine von Thielmann war – ich weiß es, Mama – in deinen Augen eine schreckliche Frau; hatte sie sich doch in ihrer Jugend gegen den Willen der Familie mit dem Mann ihrer Wahl verbunden, war ihm durch Not und Elend gefolgt und dafür am Ende auch noch von der Gesellschaft mit Anerkennung belohnt worden. Für dich war sie ein Beispiel verachtenswerter Entartung. Eine Frau, die der Stimme ihres Herzens vertraut hatte, wo wir doch lernen sollten, dem Gewissen zu gehorchen, welche Opfer auch immer von uns verlangt wurden!

Ich widersetzte mich allen deinen Einwänden, schon in Münster, wo ich auf den Bällen der Generalin tanzte. Und ich widersetzte mich wieder, als es um meine Reise nach Koblenz ging. Um es dir und mir leichter zu machen, versprach ich, mäßigend auf die Thielmann einzuwirken. Aber – hast du wirklich geglaubt, ich könnte eine Wildkatze zähmen? Zwar war Wilhelmine nun Witwe, doch das würde uns nicht daran hindern, wie junge Mädchen miteinander zu albern.

Mitten in diese Vorfreude hinein kam nun die Einladung der Mertens.

„Du darfst sie nicht ausschlagen", beschwor mich Betty, obwohl Onkel Werner etwas von hysterischen Weibsbildern murmelte. Also begleitete mich ein Angestellter des Hauses zum Stadtpalais der Familie Mertens.

Als ich eintrat, war die Halle leer – von einem Stubenmädchen abgesehen, das mit dem Staubwedel blinkende Spiegel und Kommoden bearbeitete. In drei Richtungen führten weitläufige Treppen in den ersten Stock. Beim Auf- und Abgehen sah ich in den Spiegeln unscharf eine schmale Gestalt mit blonden Locken und schreckhaft aufgerissenen Augen. Ich erinnerte mich dunkel, jemanden, der so aussah, schon einmal gesehen zu haben … Aber bevor ich mich recht besinnen konnte, wurde oben eine Tür geöffnet, ein Mädchen mit weißer Schürze kam die Treppe herunter.

Hinter ihr rief es sehr laut, fast schrill: „Führ sie sofort herauf! Ich warte schon die ganze Zeit auf sie!"

Das Mädchen brachte mich in einen von milder Herbstsonne erleuchteten Raum. Im Sessel saß anmutig und zwanglos die junge Frau, das bleiche Gesicht von schwarzen Locken umspielt.

„Fräulein von Droste-Hülshoff!" Sie streckte mir beide Arme entgegen.

„Willkommen!"

Unhöflicherweise fesselte ein antiker Torso neben dem Fenster meine Aufmerksamkeit, so dass ich mich erst viel zu spät für die Einladung bedankte. Im Nu waren wir in ein Gespräch über die Schönheit des Fragments vertieft. Die Mertens sprang aus ihrem Sessel und führte mich von Kostbarkeit zu Kostbarkeit, öffnete ihre Vitrinen und Schränke, ließ Münzen durch meine Hände gleiten und betastete gemeinsam mit mir Gemmen und Mineralien, bis unsere Gesichter glühten und die langsam steigenden Schatten mich an meine Reisepläne erinnerten.

Sie wollte mich nicht gehen lassen. Ich wand mich. Schon waren wir beim „du", obwohl ich doch sonst auch nach langer Zeit Mühe hatte, einem Menschen so viel Nähe zu erlauben. Mit einiger Gewalt riss ich mich los, musste aber versprechen, mich sofort zu melden, wenn ich wieder in Köln sei. Ich versprach's, vielleicht auch nur, um frei zu kommen.

„Mir war so wohl in den Stunden, die du mit mir verbracht hast, Annette. Wie nennen dich die andern? Nette?"

„Ja, sie nennen mich Nette. Aber ich muss jetzt gehen."

Sie hielt meine Hand fest und sah mich an.

„Ich wusste es, als ich dich zwischen den anderen stehen sah. Ich wusste es! Du wirst mir noch viel erzählen von deiner Wasserburg und euren Moorgeistern! Ich liebe deine Geschichten, Nette!"

Sie schloss die Augen und lächelte.

Am nächsten Morgen nahm ich das Dampfschiff – ja, Mama, das Dampfschiff! – und fuhr nach Koblenz. Ich sollte vierzehn Tage bleiben. Nach sechs Wochen begleitete Wilhelmine mich zurück nach Köln.

Alle waren böse mit mir: Onkel Werner, Tante Betty, die Mertens und du. Ich weiß, du bist händeringend durch die Gänge von Hülshoff gelaufen.

„Nette gehorcht nicht! Nette bleibt einfach weg! Bei dieser Thielmann!"

Arme Mama. Und es sollte noch schlimmer kommen, denn in Köln wartete die Mertens auf mich.

Es war nun schon Dezember, aber nicht sehr kalt in diesem Jahr, und ich ging jeden Tag mit Betty am Rhein spazieren. Während sie plauderte – von der neuen Mode, den Eheproblemen ihrer Freundinnen und dem ewigen Ärger mit dem Personal –, setzten sich meine Gedanken wie die Enten auf den Strom und schaukelten auf und nieder. Manchmal glitten sie auch davon, folgten der unsichtbaren Kraft des Flusses, und manchmal hoben sie ab, flatterten ein wenig in der Luft, bevor sie sich an Land niederließen. Dort bewegten sie sich tolpatschig in kleinen Gruppen, bis sie endlich wieder einen Grund fanden, ins eiskalte Wasser zu tauchen, in die geheimnisvolle Tiefe, die sie trägt.

„Sieh mal, ein Schwan", unterbrach Betty plötzlich ihren Satz. Wir blieben stehen und sahen zu, wie das schöne Tier sich seinen Weg durch den Entenpöbel bahnte.

„Er muss sehr einsam sein", sagte jemand. Wahrscheinlich war ich es, denn die neben uns stehenden Damen sahen mich erstaunt an.

Kinder, die von schwatzenden Erzieherinnen spazieren geführt wurden, liefen mit lautem Geschrei auf die Vögel zu. Die Enten flogen auf, der Schwan wandte sich hochmütig ab und glitt ins Wasser. Schimpfend wurden die Kinder auf den Weg zurückgebracht. Wir gingen weiter.

Nachmittags saß ich dann bei Sibylla am Teetisch. Im Ofen knisterte das Holz, die Dämmerung hüllte uns ein, so dass wir einander kaum noch erkennen konnten. Aber Sibylla ließ kein Licht machen. Sie verlangte eine Geschichte.

„Ich weiß heute nichts. Tante Betty hat mir so viel vom letzten Ball erzählt, dass mein Gehirn ganz leer ist."

„Zier dich nicht, Nette! Wolltest du mir nicht von einem Grafen von Thal erzählen?"

„Ach, ja ..."

Also erzählte ich ihr, wie die treue Frau des Grafen Schuld auf sich nahm, um ihn vor dem Bösen zu bewahren, wie ihr Blut durch das Gitter sickerte ...

„O nein, Nette, nein, wie schön! Du musst ein Gedicht daraus machen."

„Ja", sagte ich zögernd, „in meinem Kopf ist es fast schon fertig. Die letzten Zeilen ..."

Sie beugte sich aufgeregt vor. „Sag mir die letzten Zeilen!", flüsterte sie.

„Wie Abendlüfte verwehen,
noch einmal haucht sie ihn an:
‚Es musst eine Sünde geschehen –
Ich hab sie für dich getan.'"

Sibylla schüttelte sich. „Genial, Nette, großartig! ‚Wie Abendlüfte verwehen ...' Warum schreibst du es nicht auf?"

„Es würde irgendwo herumliegen, Onkel Werner würde es lesen, darüber spotten, und meine Mutter würde besorgt fragen: ‚Warum schreibst du so etwas? Was denkst du dir dabei?'"

In diesem Augenblick war ich kurz davor, Sibylla zu gestehen, dass sich in mir lauter Verse wie kleine Würmer umeinander ringelten, dass es drückte und drängte und heraus wollte und nicht heraus durfte.

„Schreib es für mich auf, Nette, bitte! Ich verschließe es ganz sicher und ganz fest", versprach sie leise und ihre Hand streichelte sanft mein Haar.

Plötzlich stand der Ehemann in der Tür, ein wuchtiger Mensch, freundlich und geistlos.

„Fräulein Annette, welche Freude Sie meiner lieben Sibylla machen! Immer, wenn Sie bei uns sind, weht es wie ein guter Geist durch unser Haus. Ich weiß nicht, wie ich es sagen soll, aber – Sie sind bezaubernd! Ihre Geschichten sind – wie Märchen."

„Ja, ja, sie erzählte mir von einer treuen Ehefrau, die die Schuld ihres Gatten mit dem Leben bezahlt. Das sind die geheimen Wünsche aller Ehemänner, nicht wahr?"

Ich konnte sein Gesicht nicht sehen, als Sibylla das sagte.

Heiter forderte er mich auf: „Kommen Sie wieder, mein Fräulein! Unser Haus steht Ihnen immer offen."

Weihnachten bekam ich das neue Kleid, von dem Betty seit Oktober geredet hatte, und eigentlich hätte ich nun viel tanzen können. Jede Woche fand ein Ball statt. Aber der Gedanke an einen männlichen Arm, der sich um mich legte, an eine tiefe Stimme, die sagte: ‚Fräulein Nette …', weckte in mir einen solchen Widerwillen, dass ich mich weigerte. Ein für allemal! Onkel Werner war damit wohl zufrieden, denn er wusste, wie sehr du dich immer um mich gesorgt hast. Was hätte er tun sollen, wenn mich ein Tänzer mehr als zwei- oder dreimal aufgefordert hätte? Bei den lockeren Sitten am Rhein – und dann noch im Karneval!

„Männer …", meinte Sibylla in einem Ton tiefster Verachtung. Sie legte sich ins Bett und erklärte, sie sei krank, als ihr Mann sie aufforderte, mit ihm zum Ball eines Geschäftsfreundes zu gehen. Ich saß bei ihr und hielt ihre heiße Hand. Mürrisch ging er, erst zum Ball und dann wahrscheinlich noch zu seiner kleinen Tänzerin, die er – bekanntermaßen – unterhielt.

Als ich mit Sibylla allein war und sie in den Kissen liegen sah, bleich und durchscheinend, die Augen glänzend vom Fieber, da wusste ich endlich, woher ich sie schon immer gekannt hatte, woher sie kam und wer sie in Wirklichkeit war, auch wenn sie sich die Locken schwarz gefärbt hatte. Sibylla war die Nixe aus der Gräfte von Hülshoff. Sie war an Land gegangen und zum Rhein gezogen, weil hier die Luft milder war und der Fluss in seiner Tiefe jedes Geheimnis verbarg …

Ich erzählte ihr von meiner Entdeckung. Sie fuhr aus dem Bett hoch und wollte sofort mit mir nach Hülshoff fahren, um zu sehen, wo sie früher gelebt hatte. Aber ich beschwor sie, ja nicht zu kommen. Wahrscheinlich würde der Wassermann sie sofort in die Tiefe ziehen.

So lebten wir gut, auch ohne Männer. Und an diesem Punkt, Mama, da war ich endlich sicher, würdest du mit mir zufrieden sein! Natürlich nicht ganz. Denn für meine gesellschaftliche Anerkennung wäre es wichtig gewesen, verheiratet zu sein. Aber nur mit dem Richtigen. Und der war nicht da.

Das neue Jahr brachte uns nicht nur den Karneval, es brachte auch Onkel Werners Entlassung und Bettys Schwangerschaft. Nun war klar, dass meine Tage in Köln gezählt waren.

Ich weiß, Mama, dass du in diesem Winter sehnsüchtig auf mich gewartet hast – trotz der Hochzeitsvorbereitungen für meinen Bruder Werner, die dich in Atem hielten. Ich wollte dich auch gern wiedersehen, hatte Sehnsucht nach Papa, nach Jenny und Ferdinand, meinem Lieblingsbruder, nach der Burg und dem Wassermann. Aber als die Kutsche Richtung Westfalen schaukelte, das Land immer flacher wurde, die Wege immer schlechter, da war mir, als würde ich an einem Strick in ein tiefes Loch heruntergelassen.

Der Frühlingswind wehte scharf und kalt, als ich ankam. Alles – die ganze Burg Hülshoff, das Personal, die Familie – alles befand sich in heller Aufregung wegen der bevorstehenden Hochzeit. Dennoch musste ich viel erzählen, und ich tat es gern, immer noch heiter bei dem Gedanken an die Feste und Feiern, die geistreichen Gespräche und fröhlichen Scherze, die wir uns erlaubt hatten. Manchmal, wenn ich beim Essen plauderte, schien dir der Bissen im Hals steckenzubleiben. Vor allem meine regelmäßigen Besuche bei der Mertens stimmten dich nachdenklich.

„Was hat Werner dazu gesagt?"

Ich schwieg. Der Faden war abgerissen. Du hast die Frage wiederholt. Papa begann von seinen Orchideen zu erzählen. Eine besonders schöne sei gestern aufgeblüht, und er werde sie mir zeigen …

Abends bist du an mein Bett gekommen.

„Also du hast den Anweisungen deines Onkels und deiner Tante nicht gehorcht und eigenmächtig über deine Zeit verfügt."

„Nein – oder ja, aber eigentlich nicht. Die Mertens war sehr krank", versuchte ich dir zu erklären. „Niemand konnte ihr helfen. Es war doch meine Pflicht, so lange wie möglich bei ihr zu sein und ihr beizustehen."

„Aber nicht gegen den Willen deines Onkels!"

Dein Urteil war endgültig, und ich bekam den Auftrag, mich schriftlich bei Onkel Werner und Tante Betty für meinen Ungehorsam zu entschuldigen. Den Brief musste ich dir zeigen, du hast noch einiges korrigiert, dann durfte ich ihn abschicken.

Wieder war ich schuldig geworden.

Ob ich auch regelmäßig zur Messe gegangen sei, wolltest du noch wissen.

Ja, war ich.

Und ob ich gebeichtet hätte.

Hatte ich, wenn auch nicht ganz regelmäßig. Aber danach hast du glücklicherweise nicht gefragt.

„Alles? Wirklich alles?"

In meinem Kopf wurde es wirr. Was hatte ich verschwiegen? War es eine große Sünde gewesen, mit der Mertens über Gott zu sprechen – an den sie nicht glaubte? Aber hatte ich sie nicht zu überzeugen versucht? Ihr helles Lachen klang noch in meinem Ohr:

„Dein Gott, Nette, wird dich nicht retten." –

„Ja, ich habe alles gebeichtet."

Erleichtert hast du dich zu mir heruntergebeugt und mich auf die Stirn geküsst. Es brannte wie Feuer.

Der Sommer in Hülshoff war kalt und regnerisch. Papa wurde krank und starb im Juli. Als wir uns um sein Grab versammelten, wehte wieder ein scharfer Wind. Du, meine Mutter, Witwe dieses liebevollen Mannes, du hast keine Träne geweint. Dein Gesicht war versteinert, und ich fürchtete mich vor dir.

Wenn Jenny laut aufschluchzte, hast du sie streng angesehen: Zu unserer Hoffnung auf das ewige Heil passten keine Tränen. Da konnte man allenfalls wie Hiob sagen: „Der Herr hat's gegeben, der Herr hat's genommen, der Name des Herrn sei gelobt."

Irgendwann später habe ich das Buch Hiob weitergelesen und festgestellt, dass dieser fromme Mensch auf ganz heftige Weise mit Gott gerechtet hat. Hast du das nicht gewusst – oder hättest du auch Hiob zurechtgewiesen?

Wir standen – drei erstarrte, schwarz gekleidete Frauen – am offenen Grab. Ich sah hinunter, und es kam mir vor, als zuckte dort ein lebendiges Herz, wenn in schweren Brocken die Erde auf den Sarg fiel.

„Bis zum Jüngsten Tag ...", sagte der Pfarrer.

Wenige Tage später kam mein gerade verheirateter Bruder nach Hülshoff. Du hast lange, lange mit ihm und Ferdinand gesprochen. Wir Schwestern wurden nicht gefragt. Abends aßen wir dann ohne die Männer, schweigend wie immer seit Vaters Tod.

Irgendwann hast du mit einer plötzlichen Bewegung den Löffel auf den Tisch gelegt, Jenny und mich scharf angesehen und sehr laut, sehr deutlich gesagt: „Werner und seine Frau werden sich bald hier einrichten. Wir ziehen nach Rüschhaus."

Wie sind meine Finger so grün,
Blumen hab ich zerrissen;
Sie wollten für mich blühn
Und haben sterben müssen.
Wie neigten sie um mein Angesicht
Wie fromme schüchterne Lider,
Ich war in Gedanken, ich achtets nicht
Und bog sie zu mir nieder,
Zerriss die lieben Glieder
In sorgenlosem Mut.
Da floss ihr grünes Blut
Um meine Finger nieder;
Sie weinten nicht, sie klagten nicht,
Sie starben sonder Laut,
Nur dunkel ward ihr Angesicht,
Wie wenn der Himmel graut.
Sie konnten mirs nicht ersparen,
Sonst hätten sie's wohl getan;
Wohin bin ich gefahren
In trüben Sinnens Wahn?

„Blumentod" (1820)

4. Kapitel: Rüschhaus

Du musst zugeben, beste Mama: Rüschhaus war zwar als Witwensitz für eine sittsame Dame mit Rüschenhaube geeignet (so hatte Papa sich das wohl vorgestellt, als er das Anwesen kaufte), aber für uns drei war das Wohngebäude – zwischen den Wassergräben, Scheunen und Gemüsebeeten – doch ein wenig eng. Keiner konnte sich recht bewegen. Für meine Alte, die Amme, war kaum eine Kammer zu finden. Und warm wurde es auch nie.

Der Wind pfiff ums Haus und blies uns durch alle Ritzen Kälte ins Gesicht. Unsere Hecken und alten Bäume hatten genug zu tun, sich gegen ihn zu behaupten, sie konnten nicht auch noch die Mauern schützen. So waren wir ausgesetzt, fast wie Mose im Schilfkorb, nur dass uns keine Pharaonentochter aus dem Sumpf zog und in Ägypten öfter die Sonne scheint als im Münsterland.

Am ersten Abend saßen wir um den Tisch in der verkleideten Bauernstube, die nun unser Esszimmer sein sollte. Unten in der Küche qualmte das Feuer im Herd und draußen pladderte der Regen aufs Dach. Du hast wie immer die Hände gefaltet und ein Dankgebet gesprochen. Dass deine Stimme dabei ein wenig zitterte, Mama, konnte ich gut verstehen. Jenny liefen die Tränen über das blasse Gesicht, und ich versuchte, euch durch meine dummen Scherze zu erheitern.

„Wie schade, dass Ochs und Esel nicht auf den Tisch schauen, sonst kämen wir uns doch vor wie im Stall von Bethlehem."

Keiner von euch hat gelacht, du hast mich nur strafend angesehen. Ich sollte doch immer dankbar sein. Diesmal wahrscheinlich dafür, dass wir nicht im Gärtnerhaus von Hülshoff wohnen mussten.

Dabei war ich es am Ende, die sich in Rüschhaus eingenistet hat wie ein Vogel im warmen Nest – oder besser: wie die Schnecke in ihrem

Haus. Du, Mama, hast dich lieber in Münster aufgehalten, wo es Gesellschaften gab, auf denen du den neuesten Klatsch erfahren konntest.

„Hast du schon gehört, Thereschen, die kleine Stapel – ist das nicht deine Nichte? – ist nach Münster gekommen, das junge Ding, ohne Erlaubnis des Vaters! Wer soll die denn noch heiraten?"

„Der Schonebeck, der Dummkopf, euer Nachbar, meine liebe Therese, ist durch's Examen gefallen, und seine Mutter läuft heulend herum und erzählt allen, es sei eine Intrige gewesen ..."

Du bist mit Jenny und anderen Verwandten unterwegs gewesen. Ich blieb in Rüschhaus. Ihr habt in den Sommermonaten die Löwenzahnwiesen bei Bökendorf der Heide um Münster vorgezogen. Ich blieb auf meinem Sofa, habe mich wie eine große schwarze Katze zusammengerollt und gewartet. Tag für Tag, Jahr für Jahr. Stell sie dir vor, Mama: meine Ruhe, meine Einsamkeit, meine Sehnsucht.

Schnee fällt in großen, weichen Flocken. Deine Nette springt vom Canapee und läuft in den Garten, sie fängt die glänzenden Sterne mit bloßen Händen und trägt sie ins Haus. Da sind sie schon zerschmolzen, eine kleine Pfütze in der Hand. Wie dumm deine Tochter ist!

Im Herbst sucht sie Früchte und Blumen, sammelt sie in einer Schale auf dem Tisch und betrachtet mit ihren kurzsichtigen Augen ganz genau die Maserung der Blätter, die kunstvollen Verzweigungen der Linien und das feine Muster der Blütenstempel. Sie redet alle Pflanzen mit ihren lateinischen Namen an, aber keine antwortet. Nach ein paar Tagen schrumpeln die Früchte, sie bekommen Falten und Flecken, die Blätter werden braun, zerbröseln in ihrer Hand oder verwelken im Schein der Lampe.

So bleibt ihr nichts als die Steine. Sie entdeckt Formen und Farben, das eingefangene Leuchten aus der Tiefe und die Muster längst ausgestorbener Insekten. Steine verfaulen nicht, sie liegen neben Tintenfass und Feder, und wir können uns darauf verlassen, dass sie auch morgen noch so liegen.

Du hast nie verstanden, dass ich so leben konnte, wenn du fort warst. Ich aß fast nur kalt, immer das Gleiche. In jeder freien Minute versuchte ich an meinem Gedicht vom Hospiz auf dem Großen Sankt Bernhard zu arbeiten. Mit den Hunden war ich unterwegs an verschneiten Felsenwänden, hörte das Schluchzen der Verunglückten, sah große dunkle Kinderaugen Hilfe suchend zum Himmel gerichtet.

„Und plötzlich in des Steges Mitte
Erscheint die zottige Gestalt:
Ein Sprung – sich vor den Brüdern schmiegt
Das fromme Tier; es winselt, keucht …"

… da hämmerte es in meinem Kopf: „Mama wartet auf einen Brief!"

Ich brachte vielleicht noch ein paar Reime zu Papier, nur das Wenigste von all dem, was wie ein Vogelschwarm durch meinen Kopf zog, aber schon stockte mir der Atem, und das Mieder schnürte mir die Brust zusammen. Die Berge, von denen ich schreiben wollte, lagen auf mir und zerdrückten mich. Meine Augen brannten, ich konnte die Feder nicht mehr halten, kaum mehr atmen, musste aufstehen und vom Sofa zur Tür laufen – hin und her und her und hin, bis sich der Druck endlich löste.

Und ganz gewiss schlug schon nach kurzer Zeit unten die Tür, und ich hörte Stimmen.

„Fräulein Nette muss nach Hülshoff kommen! Die gnädige Frau ist krank und braucht Hilfe."

Oder: „Die Frau von Schonebeck fragt nach dem gnädigen Fräulein."

Oder: „Fräulein Nette, die Kuh schlägt aus und will sich nicht melken lassen."

Ich lasse Hermann aus dem Garten rufen und schicke ihn zur Kuh. Der Frau von Schonebeck muss die Amme ausrichten, dass ich gerade ausgegangen sei, ganz bestimmt, auch wenn mich niemand gesehen hat. Und dann packe ich meine Sachen zusammen und mache mich auf den Weg nach Hülshoff. Wann denn das Gedicht vom Sankt Bernhard endlich fertig werde, wollen meine Freunde wissen. Aber ich bin unterwegs.

Alle die Jahre immer der gleiche Weg: durch die Wiesen und am Bach entlang, wenn der Weißdorn blüht und wenn die Blätter fallen. Auch im Regen, durch Pfützen und im Nebel, der das Land in seinen kalten Mantel hüllt. Meine Füße gehen fast von allein von Rüschhaus nach Hülshoff. Ich ziehe die Kapuze ins Gesicht, es gibt draußen nichts zu sehen. Aus dem Moor steigen nur Schatten und werfen mir Zweige auf den Weg, es gluckert, es knackt im Strauch, tönt hohl vom Wasser herüber: Die Geister der Lebenden rufen mich, die Toten antworten. Oft habe ich mich selbst nur mühsam zu den Kranken geschleppt, und wenn sie nachts nach mir verlangten, bin ich aus dem Bett gekrochen, habe mich zitternd an ihre Seite gesetzt und fieberheiße Hände mit eiskalten Fingern gestreichelt.

Als mein Bruder Ferdinand im Sterben lag, habe ich meine Kraft verbraucht. Ich glaubte sogar, dass ich sie endgültig verbraucht hätte. Ferdinand war mein Lieblingsbruder. Mit ihm hatte ich oft gesungen, und seine feinen Finger zupften dabei die Saiten der Gitarre. Er sah Papa ähnlich, hatte dieselben langen Wimpern und den sanften Blick. Obwohl er als Förster oft in freier Natur umherstreifte, blieb er immer blass und hatte nichts Derbes an sich. Ferdinand konnte eines meiner Gedichte auswendig:

„Als ich ein Knabe sorglos unbewusst
nur kannte meiner Jugend reine Freuden,
da legte still in meine zarte Brust
mein Vater früh die Stütze künftger Leiden …“

Ferdinand hat furchtbar gelitten. Wenn er husten musste und der Schmerz ihn fast zerriss, dann richteten sich seine weit aufgerissenen Augen auf mich, als wollte er fragen: Warum? Und ich konnte ihm keine Antwort geben.

In einer schwülen Sommernacht ist er gestorben – auch ich fühlte mich dem Tod sehr nahe. Aber das wolltest du nicht, Mama. Als mir keiner von deinen Ärzten mehr helfen konnte, hast du mich zu dem guten Bönninghausen geschickt. Das war gar kein Arzt, sondern nur ein interessanter Mann mit interessanten Ideen, und ich war eine interessante Patientin für ihn. Normalerweise hättest du, meine kluge Mama, genauso über seine Spinnereien gelästert wie die Damen aus deinem Kaffeekränzchen.

„Einer, der meint, man kann die Krankheit mit der Krankheit bekämpfen."

„Wieder so einer, der sich klüger vorkommt als alle, die vor ihm waren."

„Sieh da, er wird die Menschen mit seinen Tröpfchen unsterblich machen! Insgeheim aber ist er ein Liberaler und ein Gegner der Kirche. Er gibt es nur nicht zu …"

Du musst wirklich sehr verzweifelt gewesen sein, Mama, dass du mich zu diesem Mann geschickt hast!

Wir kannten ihn schon lange, eigentlich war er ein ganz normaler Jurist, Bibliothekar, Botaniker. Doch er hatte tatsächlich einige aus deiner großen Bekanntschaft – aller bösen Nachrede zum Trotz – mit seinen geheimnisvollen Säften von ihren Leiden befreit. Wo zwei Kinder an Masern gestorben waren, bewahrte er die drei anderen vor der Krankheit. Wo eine junge Frau jahrelang dahinkümmerte, wurde sie nach kurzer Behandlung wieder lebensfroh. Und ich war mir nach Ferdinands Tod sicher, dass die Schwindsucht auch mich dahinraffen würde. War ich sicher oder wollte ich einfach nur sterben?

Jedenfalls habe ich seine Tropfen und geheimnisvollen Mixturen gehorsam eingenommen. Vielleicht war das Wichtigste, dass er mir genau erklärte: Jede Krankheit ist eine Frage der Natur, die eine Antwort sucht – oder so ähnlich. Um die Frage zu beantworten, muss ich dieselbe Sprache sprechen wie die Krankheit. In langen Sitzungen versuchten wir, die Grammatik meiner Leiden zu entschlüsseln. Es ist uns nie ganz gelungen, aber ich habe gelernt, auf das zu lauschen, was mein Körper mir sagt. Und ich habe auch begriffen, dass meine Krankheit und ich zusammengehören.

So bin ich am Leben geblieben, vielleicht nur, um Bönninghausen einen Gefallen zu tun. Er war es dann auch, der wieder einmal die großartige Idee hatte, dass ich verreisen sollte. Die halbe Bökendorfer Verwandtschaft war damals gerade nach Italien aufgebrochen. Sie wollten uns mitnehmen, aber du hattest Angst. Überall lag Aufruhr in der Luft – nur nicht bei uns in Westfalen. 1830 schien als ein Jahr der Revolutionen in die Geschichte eingehen zu wollen – warum also sollten wir den Schutz Gottes herausfordern und uns in Gefahr begeben? Jenny ist den Verwandten trotz allem später nachgereist und hat dabei das Glück ihres Lebens gefunden. Aber für mich blieb wieder nur eine Möglichkeit: nach Bonn zu fahren.

Auch am Rhein war der Himmel verhangen, den ganzen Winter lang. Zuerst ging ich zum Friseur und leistete mir einen teuren Hut. Ich lernte auch Adele kennen, die Schopenhauer, die gerade mit ihrer Frau Mama nach Bonn gezogen war. Sie kam aus Weimar und erzählte unentwegt von Goethe und wie er aussah und wie er so klug redete und wie dick seine Frau gewesen war – manchmal konnte ich es nicht mehr hören, aber manchmal war es auch zum Lachen oder zum Weinen, was sie uns, der Mertens und mir, erzählte. Wir waren recht fröhlich zusammen, aber das dauerte nicht lange.

Sibylla Mertens stieß sich den Kopf, wurde ohnmächtig, und als sie wieder aufwachte, verlangte sie nach mir. Ich musste sie pflegen – auch sie – erzählte ihren Kindern unheimliche Geschichten und beruhigte ihren Mann. Adele ging derweilen spazieren und gab mir gute Ratschläge. Das ging so über Wochen und Monate. Manchmal, wenn ich spät am Abend endlich eingeschlafen war, konnte es geschehen, dass Sibylla sich plötzlich aufrichtete und ihre Spinnenfinger nach mir ausstreckte.

„Nette, Nette, komm her zu mir! Nette, ich muss sonst sterben!"

Mich schauderte. Vor der Freundin? Ja, vor der Freundin. Sie saugte mir das Leben aus den Gliedern. Als sie merkte, dass ich sehr schwach geworden war, beschloss Sibylla jedoch, wieder gesund zu sein. Die Tage wurden schon länger, die Frühlingssonne schien auf ihr Bett und brach sich im Spiegel hinter ihr.

„Nette", sagte sie nachdenklich, „deine ganze Familie ist nach Italien gereist. Warum reisen wir nicht auch?"

Ich saß im Sessel am Fenster und hatte versucht, einen Strumpf zu stopfen, der mir bei all dem Hin- und Herlaufen zerrissen war. Vor Schreck ließ ich die Nadel fallen.

„Wir?"

„Ja, du und ich!"

„Aber wir brauchen doch …"

„Wir brauchen keine Begleitung! Zwei schöne, reiche Damen wie wir! Was meinst du, wie die schwarz gelockten Burschen flitzen, wenn wir aus der Kutsche steigen. Dann ein kleines Trinkgeld – und wir haben das schönste Zimmer im ganzen Hotel. Am nächsten Morgen machen wir eine Spazierfahrt oder gehen ins Museum, hören uns die Vorträge der bedeutendsten Kunsthistoriker an, speisen abends in einer kleinen …"

„Ich bin aber nicht reich, Billa."

„Nette, was redest du! Du hast mich gepflegt, Tag und Nacht für mich gearbeitet, meine Kinder versorgt, den Haushalt geführt, da werde ich dich doch wohl einladen dürfen."

„Ich muss meine Mutter fragen."

„Ja, komm, lass die Strümpfe, wir kaufen dir neue. Ich fühle mich gesund genug, mit dir nach Bonn zu fahren und einzukaufen. Beim Schneider lassen wir uns die Reisegarderobe nähen, ein wunderschönes hellblaues Kleid für dich, das zu der Farbe deiner Augen passt …"

„Ich muss erst meine Mutter fragen!"

„Dann tu's doch! Geh auf dein Zimmer und schreibe! Ich werde mich heute selbst um das Abendessen kümmern."

Sibylla kümmerte sich um das Abendessen, und ich schrieb dir einen Brief. Die Antwort kam ein paar Tage später mit der Extra-Post, so schnell, wie es nur überhaupt möglich war. Und diese Antwort war völlig klar und eindeutig:

„Nein!"

Nein, ich durfte nicht mit der Mertens reisen.

Nein, ich sollte nicht länger in Bonn bleiben.

Nein, ich könnte unmöglich allein entscheiden, was ich tun würde. Du warst wütend, dass ich verreisen wollte – deine Handschrift hat es verraten.

Sibylla war wütend, dass ich nicht verreisen durfte. Und Adele war wütend, dass Sibylla mit mir verreisen wollte und nicht mit ihr. Sie keifte durchs Haus, Sibylla heulte und ich schrie beide an. Wir kläfften alle drei wie die Straßenköter. Die armen Kinder flüchteten vor Schreck in ihre Zimmer. Wenn du uns gehört hättest, Mama! Du hast nie die Stimme gehoben, außer beim Gebet. Ich schämte mich auch hinterher, aber wir stritten noch tagelang, wer denn wohl wessen Freundin sei, und Sibylla wurde fast wieder krank – vor Wut. Und ich? Vielleicht war ich erleichtert.

Aber nach Süden, nach Italien oder in die Schweiz, wo der Himmel blau ist und das ganze Jahr über Blumen blühen – dorthin, Mama, wäre ich doch gern gefahren; überallhin, wo ich mir das Kleid nicht so eng schnüren müsste. Doch in deinen Augen war Sibylla eine Schlange, die mich zu allem Bösen verführen wollte, vor dem du mich so lange bewahrt hattest.

Später habe ich dir Recht gegeben: Sibylla war keine gute Freundin. Die feinste Abschrift meiner Verse, in vielen Stunden bei schlechtem Licht und unter Schmerzen entstanden, hat sie einfach in der Schublade verschwinden lassen. Wir hatten in einer stillen Stunde verabredet, dass sie alles tun würde, um meine Poesie an die Öffentlichkeit zu bringen und mich berühmt zu machen. Sie schwärmte schon davon, wie die Käufer den Buchhändlern meine Gedichtbände nur so aus den Händen reißen würden, wie mein Name unter Kennern gelobt, gepriesen, in den Himmel gehoben würde … und dann verschloss sie das Manuskript vor der Welt, die einzige gut lesbare Abschrift, die man einem Verleger anbieten konnte. Mit scheinheiligen Erklärungen ist sie meinem Drängen und Bitten ausgewichen. Am Ende schien alle Mühe vergeblich, und ich hatte nicht nur eine Freundin, sondern auch die Hoffnung verloren, dass jemals ein Gedicht von mir gedruckt würde.

Statt nach Süden fuhr ich also von Bonn wieder nach Hause. Und als der Wagen durch den Morast der westfälischen Straßen schaukelte, bekam ich Atembeschwerden, die immer schlimmer wurden, so dass ich dir bei der Ankunft in Rüschhaus halbtot in die Arme fiel. Alle waren nun davon überzeugt, dass ich schon aus gesundheitlichen Gründen nicht reisen konnte. Und so blieb ich in meinem Schneckenhaus, auch wenn du in Hülshoff oder sonstwo bei Verwandten warst.

Ich war wieder allein und war damit zufrieden. Mamsell Bücker brachte mir Briefe aus Münster, wo ich Freunde hatte; gute Freunde, solange sie in Münster waren und ich in Rüschhaus. Wenn wir einander persönlich begegneten, war ich manchmal zu laut oder zu heftig oder zu unbedacht in meinem Urteil, und darum war es besser, Briefe zu schreiben. Meine Briefe waren besser als ich.

Du hast dir Gedanken gemacht, Mama, und wolltest eigentlich nicht, dass ich allein in meinem Schneckenhaus bleibe. Ich hatte doch schließlich eine große Familie, in der ich mich nützlich machen konnte, statt mich nur mit alten Steinen und alten Geschichten zu beschäftigen. Meine Neffen und Nichten brauchten Unterricht, meine Schwägerin Caroline hatte immer wieder Hilfe nötig. Sollten denn die Leute denken, dass ich faul und arbeitsscheu sei? Aber irgendwann hast du eingesehen, dass ich in Hülshoff noch schlechter aufgehoben war als in Rüschhaus. Werner selbst zog ja lieber in die Stadt und ließ das Gut erst verkommen, um es dann nach ein paar Jahren ganz neu – und selbstverständlich in modernster Weise – wieder in Stand setzen zu lassen. Trotz meiner tief sitzenden Abneigung ließ es sich aber nicht vermeiden, dass ich mich zu Weihnachten oder zu den zahllosen Familienfesten in Hülshoff einstellte.

Wie die gute Caroline es fertig brachte, jedes Jahr wieder einen Säugling zu nähren und zu pflegen, das ist mir immer ein Rätsel geblieben. Ich konnte mir kaum die Namen der Neffen und Nichten merken, die bei jedem Besuch mit Schlachtgebrüll und triefenden Nasen über mich herfielen. So schnell es ging, flüchtete ich mich in meine Kammer, und da mein guter Bruder Werner nie mit Holz gegeizt hat, war es wärmer als in Rüschhaus.

Aber kaum hatte ich mich auf meinen Stuhl am Fenster gesetzt, da ballerten schon kleine Fäuste gegen die Tür: „Tante Nette, komm spielen! Mach auf! Mach auf! Tante Nette, erzähl uns was!"

Einmal habe ich ihnen leider vor dem Schlafengehen erzählt, dass der Wassermann in der Gräfte wohnt und den Nixen bei Strafe verbietet, im Tageslicht an die Oberfläche zu schwimmen. Ich hätte ihnen nicht verraten sollen, wie die Nixen weinten, weil sie so gern mit den Hülshoffer Kindern gespielt hätten. Heinrich, der Älteste, ein stilles Kind – weshalb er mir besonders lieb war – schlich dann zum Entsetzen seiner Eltern nachts hinaus, um nachzusehen, ob die Nixen im Mondlicht tanzten. Als er sie nicht fand, kam er böse zu mir, stellte sich vor mich hin und sagte: „Du lügst, Tante Nette."

Sein kleiner Bruder war empört und widersprach. Er behauptete sogar, er würde die Wasserfrauen jeden Abend singen hören. Fast hätten sich die beiden geprügelt. Da habe ich sie schnell in mein Zimmer geholt und ihnen mein Geheimnis verraten: Nur wer das Zauberwort kennt und im richtigen Augenblick sagt, der kann die Nixen sehen und hören. Leider muss jeder sein eigenes Zauberwort herausfinden. – Wie nachdenklich die beiden waren! Aber nicht lange, dann tobte es wieder die Treppe hinauf und hinunter, und bei ihrer Mutter beklagten sie sich: „Tante Nette will nicht mit uns spielen! Tante Nette hat schon wieder Kopfschmerzen."

Auch mit den Eltern dieser munteren Schar musste ich sehr

vorsichtig umgehen. Wenn ich nur einen Satz auf Lateinisch sagte, wurde ich streng ermahnt, doch bitte deutsch zu reden. Mein Bruder Werner, der es in den alten Sprachen nie weit gebracht hatte, sah mich vorwurfsvoll an, als wollte er sagen: „Siehst du nicht, dass ich viel Wichtigeres zu tun habe, als mich mit albernen lateinischen Sprüchen zu beschäftigen?"

In Rüschhaus dagegen war es ruhig. Die Dienstboten taten ihre Arbeit und redeten nicht mehr dabei, als unbedingt nötig. Auch meine Amme wurde glücklicherweise im Alter nicht geschwätzig. Sie saß am liebsten mit den Mägden in der Küche zusammen, und gelegentlich sagte mal eine: „Jau, fröher …"

Und die andere antwortete nach einer Weile: „Et was ebben anners."

Sie sprachen natürlich Plattdeutsch, was wir deiner Meinung nach nicht sprechen sollten, weil wir doch von Adel waren. Aber ich konnte mich gut verständigen. Platt sprach ich noch besser als Lateinisch.

Aufregungen gab es immer nur in der Nachbarschaft, vor allem bei den Schonebecks, die so hoch verschuldet waren, dass selbst ich in Versuchung geriet, ihnen finanziell auszuhelfen. Das gab unerschöpflichen Gesprächsstoff, ebenso wie die familiären Probleme der Stapels auf der anderen Seite. Bei uns riss höchstens mal der Wind das Dach vom Treibhaus, und wir mussten es neu decken lassen.

Dass Blumen wachsen ohne zu schreien, hat mich schon immer sehr für sie eingenommen, auch wenn du das nie verstehen konntest und mir meine Hecke weggerissen hast, als ich nicht da war. Es hat mir fast das Herz gebrochen, Mama, vor allem der Löwenmäulchen und Pulmonien wegen, die ich im Korb von Hülshoff herübergetragen hatte und die mir zur Freude jedes Jahr an der Hecke blühten. Aber du hast weder ihre Namen noch ihre Farben gekannt.

Die Hecke, ich geb' es zu, war mir noch wichtiger als der Hausaltar in unserem Salon. Natürlich habe ich mit Jenny und dir jeden Sonntag die Messe gehört. Unseren guten Vikar konnte nur das schlimmste Wetter davon abhalten, aus Hülshoff herüberzukommen und uns mit dem heiligen Mahl zu versorgen. Ich höre ihn noch vor der Tür poltern und schimpfen, wenn ihn der Regen ganz durchgeweicht hatte. Ein anderer hätte geflucht, aber Wilmsen nahm natürlich auch Sturm und Regen aus Gottes Hand, und du hast ihn mit warmem Tee, Kuchen und allen möglichen guten Dingen verwöhnt, so dass er meist heiterer wieder davonzog, als er gekommen war. Aber das lag natürlich an der Messe, jedenfalls warst du dieser Überzeugung.

Ich, deine böse Tochter, die es eigentlich am nötigsten gehabt hätte, um Gnade zu bitten, ertappte mich oft dabei, dass meine Gedanken herumirrten, wenn Wilmsen die altbekannten Formeln sprach und mit dem Glöckchen läutete. Ich träumte, dass ich am Bach entlangging und den Ruf der Eule hörte. Hinter dem kahlen Baum erschien plötzlich das Gesicht des Mondes, bleich und drohend. Ein Röcheln drang aus dem Gras, ein blasses Kind grub mit den Fingern …

„Agnus dei qui tollis peccata mundi miserere nobis …

Lamm Gottes, das der Welt Sünde trägt …"

Ich erschrak über meine Unaufmerksamkeit und versank doch bald wieder in meine Träume, bis Wilmsens „Amen" mich vor den Hausaltar in Rüschhaus zurückbrachte. Ich war dann oft bedrückt, weil ich gar nicht recht gebetet hatte. Am nächsten Sonntag wollte ich es bestimmt besser machen, so wie Jenny, die – den Kopf gesenkt – demütig lächelte. Wo Jennys Gedanken tatsächlich waren, das erfuhr allerdings keiner von uns.

Später konnte ich es mir denken. Das war, als meine Schwester schon sehr weit entfernt von uns lebte, mit einem alten Mann verheiratet, von dem jeder wusste, dass sein Lebenswandel ganz und gar nicht moralisch gewesen war. Während seine erste Frau noch lebte, brachte die Fürstin Elisabeth, der er diente, einen Sohn zur Welt. Und Laßberg bekannte sich dazu, der Vater zu sein. Das war schon ein starkes Stück für einen katholischen Adligen. In Westfalen hätte man ihm dieses Verhältnis kaum nachgesehen, aber im Süden ist die Luft milder, und Gott zeigt den Menschen ein gnädigeres Gesicht. Vielleicht wäre ich darum auch so gern nach Italien gefahren …

Natürlich warst du gegen diese Ehe. Du wolltest deine Tochter nicht gehen lassen – und dann noch mit einem solchen Mann. Aber meine brave Schwester war auf einmal sehr beharrlich und widersetzte sich deinen Wünschen. Schließlich war gegen Laßberg – von der Beziehung zu der inzwischen verstorbenen Fürstin abgesehen – auch nicht viel einzuwenden: ein Witwer von uraltem Adel, mit Besitz und hoher Bildung; katholisch, wie es sich gehörte, nur schon ein bisschen alt. Aber Jenny war auch schon 36. Wann sollte sie denn wohl heiraten? Sie wollte es doch und hat wahrscheinlich vor dem Altar in Rüschhaus oft darum gebetet.

Ich hörte dich in deinem Schlafzimmer nachts seufzen, und am Tag bist du mit zusammengebissenen Lippen herumgelaufen. Aber Jenny ließ nicht locker und hat uns verlassen. Beim Abschied jedoch schluchzte sie, als sollte sie ins Mohrenland ziehen und nicht in die Schweiz.

Habe ich meine Schwester beneidet? Wilmsen fragte mich, als ich zur Beichte ging. Warum glauben Männer nur, es gäbe kein Glück ohne sie? Ich dachte an Straube, aber ich konnte mir nicht vorstellen, wie er als Ehemann ausgesehen hätte. Wilmsen glaubte mir wohl nicht, als ich sagte, ich sei zufrieden und außerdem sollte meine Mutter nicht allein bleiben. Vielleicht hielt er mich in diesem Augenblick zum ersten Mal für eine gute, fromme Seele.

Statt zu heiraten oder zu verreisen, fuhr ich mit dem Finger über die Tapete in unserem „Italienischen Zimmer" und besuchte in meinen Gedanken die Tempel der südlichen Länder. Danach setzte ich mich wieder auf mein schwarzes Sofa, zog die Beine hoch und wartete, dass mein Kopf klar würde und die Worte sich zu einem neuen Vers ins Metrum fügten. Es dauerte Tage, manchmal Wochen, ehe so ein Gedicht vollendet war. Auch meine Briefe wurden nicht fertig, denn dieser Kopf tat immer weh und die Augen brannten vom Ruß, von der Dunkelheit, vom Wind oder wer weiß wovon.

Besser als zu schreiben gelang es mir, Töne zu setzen, die ich auf meinem alten Klavier zum Klingen brachte – bis es unten wieder laut wurde: „Fräulein Nette, Fräulein Nette! Eine Nachricht aus Hülshoff ist da!"

Auf dem Weg von Rüschhaus nach Hülshoff, da, wo es zum Hof Wittover abgeht, steht ein Kreuz. Wenn ich hier war, hatte ich etwa die Hälfte des Weges zurückgelegt und war erschöpft von dem Waten durch sumpfiges Gelände oder ausgedörrt von der Hitze, kurzatmig, manchmal auch von Rückenschmerzen geplagt. So machte ich Rast, wenn es nicht zu sehr regnete, und habe oft ein Gebet gesprochen.

Sei froh, Mama, dass du diese Gebete nicht gehört hast. Sei froh, dass du nicht so beten musstest, dass aus deinem Herzen nichts anderes aufstieg als Lob und Dank – oder das fromme Geplapper, wie Wilmsen es uns gelehrt hatte.

Ohne den Blick zu heben, bedrängte ich den Gekreuzigten in meinen Gebeten.

„Warum hängst du dort für meine Schuld? Warum nimmst du meinen Hochmut, meine Menschenfeindlichkeit auf dich? Warum willst du es tragen, dass ich meiner Mutter so ungern gehorsam bin? Ich will nicht, dass du dich für mich quälst, ich kann es nicht mehr ansehen!

Wer einmal hat dein göttlich Bild verloren,
Was ihm doch eigen war wie seine Seele,
Mit dem hat sich die ganze Welt verschworen,
Dass sie dein heilig Antlitz ihm verhehle ..."
Wenn ich so etwas gesagt oder auch nur gedacht hatte, wurde mir

elend, als sollte ich gleich zur Hölle fahren. Einmal, an einem trockenen Frühlingstag, verlor ich das Bewusstsein. Als ich wieder zu mir kam, lag ich im Gras, über mir funkelte die Sonne und der Jesus am Kreuz lag im Schatten.

„Verzeih mir", flüsterte ich, strich mir das Kleid glatt und versuchte, ein angemessenes Gebet zu sprechen, aber meine Gedanken waren wirr. Und trotzdem war mir leichter in der Brust, als ich meinen Weg fortsetzte. Erst bei der Messe am Sonntag, vor dem Hausaltar in unserem Salon, wurde mir entsetzlich bange. Ich wusste nicht, wie ich es euch erklären sollte, und legte mich nach der Feier mit Schüttelfrost ins Bett.

Ein anderes Mal, kurz nachdem Ferdinand gestorben war, fand ich den Weg kaum, weil mir die Tränen aus den Augen strömten. Irgendwann stolperte ich an das Kreuz und blieb stehen.

„Warum lässt du einen so guten Menschen so elend sterben? Du, der du alles weißt und alles kannst? Warum hast du nicht geholfen, als wir gebetet haben? Warum trittst du dem Tod nicht entgegen und sagst: Halt!"

Ich fühlte mich im Recht, als ich mit den Fäusten gegen das Kreuz hämmerte. Der dort hing, gab mir keine Antwort – aber er verwehrte mir auch nicht zu fragen.

Nachts hörte ich dich schluchzen, aber am Grab deines Sohnes hast du nicht geweint, Mama. Vielleicht war es dir ein Trost, dass auf Hülshoff im selben Jahr ein neuer Ferdinand geboren wurde, mein Liebling, der Einzige, der später manchmal sagte: „Tante Nette, wann kommst du wieder?"

Natürlich lag es nicht am Namen, dass dann auch dieser kleine Ferdinand mit elf Jahren sterben musste. Kurz bevor er von uns ging, legte er beide Ärmchen um meinen Hals und flüsterte: „Du bist mein Engel, Tante Nette, ich hab's gesehen."

Ich weiß nicht, was er gesehen hat. Die blonden Locken, die mir ins Gesicht fielen, wenn ich mich über ihn beugte in den letzten Krankheitstagen? Vielleicht war seine reine Seele auch schon da, wo wir alle Engel sehen werden, wenn Gott uns gnädig ist. Dem kleinen Ferdinand wird er gnädig sein, da bin ich ganz sicher. Aber warum musste sich dieses zarte Kindergesicht im Todeskampf so furchtbar verzerren, dass die Mutter laut weinend aus dem Zimmer lief? Ich bin bis zuletzt bei ihm geblieben. Manchmal übermannte mich der Schlaf, dann weckte mich sein Wimmern wieder.

Du hast gesagt, Mama, wenn einer fromm und gut ist, dann wird er von den Engeln durchs Fegefeuer geleitet. Verzeih, wenn ich dir nicht glaube. Ich habe in so viele Gesichter gesehen, kurz bevor sie starben. Ihre Blicke waren in die Ferne gerichtet. Manchmal schien von dort ein Leuchten herüberzustrahlen, aber ich habe auch das Entsetzen gesehen, das in den Augen der Sterbenden widerschien. Da waren keine Engel, da war nur Verzweiflung. Sollte Gott doch ungerecht sein?

Ich habe nie gewagt, dich danach zu fragen.

Es war November, als der kleine Ferdinand starb. Ich erinnere mich, dass eiskalter Regen über mein Gesicht lief, als ich am Morgen danach auf den Hof ging. Der Regen schmeckte salzig. Ich lief wie eine Wahnsinnige durch den Garten, bis mein Kleid durchgeweicht war und ich vor Kälte zitternd von meinem Bruder fast mit Gewalt ins Haus geholt wurde.

Auch die Eltern waren untröstlich, bis ein Jahr später wieder ein kleiner Ferdinand zur Welt kam. Mir ging der Name nur schwer über die Lippen, aber ihr habt es ganz in Ordnung gefunden, die Erinnerung an das Leiden und den Tod des einen Kindes mit der Freude über das Leben eines anderen zuzudecken.

Auch meine Amme habe ich viele Jahre gepflegt. Sie war mir so lieb und so nahe, näher vielleicht als du – aber das hätte ich natürlich nie zugegeben. Wenn ich mich durch das Haus schleichen sehe, die Treppe hinauf, dann höre ich immer noch ihre Stimme wie so oft in ihren letzten Jahren: „Wo bist du?"

Die Stimme verfolgt mich, wohin ich auch gehe.

„Wo bist du?"

Ich bin in der Küche, ich bin im Garten. Wenn ich antworte, hört sie nicht, also spare ich es mir. Dann steht sie oben an der Treppe und klammert sich ans Geländer.

„Nettchen, wo bist du?"

„Ich komme schon, meine Liebe, ich komme schon, Altchen …"

Bis in meine unruhigen Träume hinein verfolgt mich ihr Rufen. Sie hat mich ins Leben gebracht. Der Wurm, der ich war, hätte es sonst wohl nicht geschafft, wäre versunken in der Nacht des Vergessens. Aber sie gab mir die Brust – und ich gedieh. Zwar war ich nie so kräftig wie andere Kinder, doch der Kopf wuchs, wurde viel zu groß für die schwachen Schultern und füllte sich mit den absonderlichsten Ideen. Was habe ich bei ihr getrunken, dass mir der Kopf so groß wurde – und die Brust so eng?

„Wo bist du?", ruft sie. In den kalten Nächten muss ich aufstehen, ihre Hand halten, so wie sie in kalten Nächten aufstand und dem wimmernden Säugling die Brust gab. Habe ich so gierig daran gesogen, wie sie jetzt meine Hand umklammert? Niemand wird mir das erzählen, denn es wäre kein Zeichen von Sittsamkeit, und wir Droste von Hülshoff, noch viel mehr die Haxthausen aus Bökendorf, sind angeblich immer sittsam.

Du weißt, ich zweifle seit langem daran, vor allem bei den jungen Männern. Ich verdächtige sie und auch mich, voller Gier nach Leben zu sein. Wahrscheinlich war ich auch schon als Säugling so gierig, und eine weniger stabile Amme hätte mit ihrer Gesundheit für mein Leben bezahlt. Aber meine Catharina war stark. Sie hielt mich aus. Das war das, woran ich dachte, wenn ich nachts frierend an ihrem Lager hockte: Sie hat mich ausgehalten.

Aber am Ende war auch ihre Kraft erschöpft. Eine Zeitlang behielt sie nichts bei sich. Die Milch, die ich ihr einflößte, tropfte aus den Mundwinkeln heraus und hinterließ dunkle Flecken auf dem Bettzeug. Wenn sie aufgestoßen hatte, roch es nach Verfall, nach Verwesendem, aber sie wollte es auch da noch nicht wahrhaben.

„Frölen, Frölen …", sagte sie und streichelte meine Hand. Ihre Augen waren so groß und erwartungsvoll wie die eines Kindes. Sie meinte wohl, ich würde sie nicht allein lassen auf dem Weg, den sie bald gehen musste. Aber warum sollte ich so früh sterben, wo ich doch noch gar nicht gelebt hatte?

„Du musst noch auf mich warten, Alte", dachte ich und knöpfte ihr die Jacke zu. Dann habe ich mich noch einmal ins Bett verkrochen und ein paar Verse aufs Papier gekritzelt.

„Wo bist du?", rief sie aus ihrer Kammer, und ich legte das Blatt zur Seite.

„Hier bin ich."

So vergingen die Jahre in Rüschhaus. Um mich der Wind, die Nacht und die Erinnerung an den Tod. Gib zu, Mama, dass du davor geflohen bist. Aber ich blieb und wartete. Auf den Prinzen? Nein.

Ich wartete auf das Leben.

Ein ernstes Wagen heb ich an,
So tret ich denn zu euch hinan,
Ihr meine stillen strengen Toten;
Ich bin erwacht an eurer Gruft,
Aus Wasser, Feuer, Erd und Luft
Hat eure Stimme mir geboten.

Wenn die Natur in Hader lag
Und durch die Wolkenwirbel brach
Ein Funke jener tausend Sonnen –
Spracht aus der Elemente Streit
Ihr nicht von einer Ewigkeit
Und unerschöpften Lichtes Bronnen?

Am Hange schlich ich krank und matt,
Da habt ihr mir das welke Blatt
Mit Warnungsflüstern zugetragen,
Gelächelt aus der Welle Kreis,
Habt aus des Angers starrem Eis
Die Blumenaugen aufgeschlagen.

„Meine Toten" (1841/42)

5. Kapitel: Rüschhaus, Gartenseite

Und dabei hatte das Leben schon in meinem Zimmer gestanden – in Gestalt eines zarten Jungen; blass, die Augen groß und sehnsuchtsvoll. Aber was interessierte mich damals der Sohn meiner alten Freundin Katharine. Sie hatte geheiratet – selbst schuld. Und den Umgang mit Schülern war ich nicht gewohnt.

Der Sohn, Levin, sollte das Gymnasium besuchen. Das tat er denn auch – und ohne meine Hilfe. Ich erwartete nichts von ihm, und er auch nichts von mir. Das hat er später offen eingestanden. Es war ein Pflichtbesuch bei einem älteren Fräulein, den er auf Wunsch seiner geliebten Mama absolvierte.

Kurz darauf starb Katharine Schücking; ich habe es nur zufällig in der Zeitung gelesen. In diesem Augenblick hätte ich ihn vielleicht in den Arm genommen und getröstet, wenn er in meiner Nähe gewesen wäre, denn es tat mir doch sehr weh um meine unglückliche Freundin. Doch als wir uns einige Zeit später wiedersahen, waren wir einander so fremd wie zuvor.

Er erkannte zwar mit dem wachen Blick seines Herzens, dass ich eine Nixe war und ihn in manches verborgene Wunderland führen konnte. Aber er war viel zu schüchtern, um die Hand auszustrecken und zu sagen: „Komm, führe mich!"

Er ging. Ich blieb in Rüschhaus. Bei gutem Wetter wanderte ich zwei Stunden nach Münster. Oft waren die Wege noch feucht, weil es ein paar Tage zuvor geregnet hatte. Oder sie waren staubig, weil es nicht geregnet hatte. Aber wenn ich nicht gerade im Morast stecken blieb und einigermaßen ausschreiten konnte, schaffte ich den Weg gut in zwei Stunden. Und in Münster standen mir trotz meiner staubigen Schuhe und meiner manchmal von den Dornen zerrissenen Kleider viele Türen offen.

Auch meinen weit gereisten Onkel Werner hatte es für einige Zeit in unser beschauliches Städtchen verschlagen. Nach Wien,

London, Paris und Köln war Münster für ihn nicht gerade ein anregender Ort, aber er versuchte, das Beste daraus zu machen. Die tapfere Betty an seiner Seite schockierte zwar die adligen Damen mit ihrer rheinischen Fröhlichkeit, wurde aber zähneknirschend akzeptiert. Es war bekannt, dass ihr Geld Werners gesellschaftliches Leben ermöglichte.

Bei Werner und Betty trafen sich Leute, die sich für besonders begabt und von ihrer Umgebung verkannt hielten. Erstaunlicherweise hat Werner mich zu solchen Gesellschaften eingeladen. Zwischen den lamentierenden Geistesgrößen der Provinz fand ich einen Freund, der mehr sah als die anderen, obwohl er blind war. Irgendein Unfall beim Experimentieren im physikalischen Unterricht hatte dem jungen Christoph Bernhard Schlüter schon früh das Augenlicht genommen. Aber Mutter und Schwester umsorgten ihn mit so großer Liebe, dass ihm wenig zu fehlen schien. Als ich in den Salon des Onkels trat und die Anwesenden begrüßte, hob Schlüter lauschend den Kopf.

„Wer ist das?", fragte er seine Schwester, und Therese flüsterte etwas, das ich nicht verstand. Sie erinnerte ihn vielleicht daran, dass er mein langes Gedicht „Walther" schon kannte. Du, liebe Mama, ratlos, was du mit meiner seltsamen Begabung anfangen solltest, hattest ihn um Rat gefragt. Ich wusste nichts davon, und das war gut so, denn sonst wäre ich enttäuscht gewesen. Der kluge Schlüter hatte meine Verse nämlich nur albern und schwülstig gefunden – bis zu diesem Nachmittag, an dem ich plötzlich und unerwartet neben ihm saß.

Er drückte mit der Rechten meine Hand und umfasste mit der Linken mein Handgelenk, als ob er Maß nehmen wollte. Ich wurde von Therese auf einen Stuhl neben seinem Sessel gedrückt und war bald in ein anregendes Gespräch mit dem blinden Philosophen vertieft. Es drängte mich, auch die Augen zu schließen und seiner warmen, leisen Stimme zu lauschen, die eine eigentümlich getragene Melodie hatte. Als ich ihm erzählte, dass ich gern und oft singe, klatschte er vor Freude in die Hände. Ich konnte es zwar vermeiden, gleich ans Klavier geschleppt zu werden, aber beim Abschied musste ich versprechen, dass ich Schlüters so bald wie möglich besuchen würde.

Sie hatten einen gut gestimmten Flügel, auf dem Therese recht sicher spielte. Als ich sang, begann das Gesicht des Blinden von innen her zu leuchten. Es hat mir fast die Stimme verschlagen, als ich ihn ansah. Alles an ihm lauschte, auch die Hände und der Mund. Es war schön, für Schlüter zu singen.

Als ich ihm dann noch Gedichte vorlas (die Frauen hielten sich still im Hintergrund, mild und zufrieden lächelnd), rückte er immer näher, den Kopf leicht geneigt, und es kam mir vor, als würde er meine Verse in sich aufsaugen wie trockener Boden den Regen. Wir trennten uns mit den herzlichsten Freundschaftsbeteuerungen und tausend Versprechen, von denen wir die meisten gehalten haben.

Einige Monate später, als es auch im Münsterland wieder Sommer geworden war, kamen Schlüter und seine Schwester nach Rüschhaus. Einen Nachmittag lang habe ich ihnen beim Zwitschern der Schwalben und Summen der Mücken aus meinen Gedichten vorgelesen. So wurde der blinde Schlüter mein Seelenfreund und betrieb mit seiner ganzen Kraft die Veröffentlichung meiner Werke.

Die Freundinnen in Bonn schüttelten zwar nur den Kopf, wenn sie hörten, dass die Verse in Münster erscheinen sollten, aber was konnte ich anderes tun? Bonn und Köln waren weit, Weimar und Jena noch weiter. Nirgendwo interessierte sich jemand für die Faseleien eines westfälischen Edelfräuleins. Wenn nicht einmal meine Familie las, was ich schrieb, wie sollten dann die Professoren und Gelehrten in den Salons, die Grimms und Schlegels und Grabbes oder wie sie alle hießen, davon Notiz nehmen. Ja, Adele hat wirklich in Weimar um Aufmerksamkeit für mich geworben. Die Gute! Nur hätte sie ebenso den Kühen auf der Weide meine

Verse vorlesen können. Und doch wollte ich gedruckt werden. Was sollte denn sonst mit den vielen vollgeschriebenen Seiten geschehen?

Ich überließ schließlich meinen Freunden alles, was mir geeignet erschien. Nicht geeignet erschienen mir die geistlichen Lieder, die ich einmal – wie lange war das schon her! –, Mama, in deine Hände gelegt hatte. Aber Schlüter drängte, wenigstens einige aufzunehmen. Nicht die allerschlimmsten sollten es sein, in denen meine Verzweiflung in Zweifel umschlug. Nur die sanften Lieder voller Zuversicht wollte er drucken lassen. Er meinte, so würden die Menschen meine reine Seele am besten erkennen. Ach, Schlüterchen ahnte nur wenig von dem Abgrund, in den mein Glaube gestürzt war.

Wenn aus mir selbst ich bau,
So muss mein Werk vergehen;
Wenn in mich selbst ich schau,
Kann ich nur Schrecknis sehen.
Als Kläger schauerlich
Stehn meines Herzens Tücke;
Doch wenn zu dir ich blicke,
Dann wird es hell um mich.

Da kam Levin wieder. Er war ein Mann geworden, zwar immer noch zart, und seine feinen Glieder wirkten fast weiblich, aber in seinem Blick lag eine neue Sicherheit und ein Anspruch, gegen den ich mich nicht mehr wehren konnte. Du, Mama, warst zu Jenny gefahren. Die Sehnsucht nach den zarten Kindern deiner Tochter hat dir keine Ruhe gegönnt. Und ich war in Hülshoff, in Rüschhaus, in Münster – und auf einmal war auch der junge Schücking in Münster und in Rüschhaus. Ich ging durch die Stadt, und er ging an meiner Seite. Wir trafen uns zum Tee in den Salons bei adligen Freunden oder bei Schlüters – und er stand schon neben einem Sessel, wenn ich eintrat, die Tasse in der Hand, und sah mich an.

Die ersten Briefe kamen nach Rüschhaus geflattert; Zeilen, in denen er um ein wenig Aufmerksamkeit, ein wenig Vertrauen bat – und ich spürte sehr wohl, dass es ihm nicht um wenig ging, sondern um viel. Glaube mir, Mama, er hat mir damals nicht so gefallen, wie ein Mann einer Frau gefällt. Seine geckenhafte Ausstattung, der alberne Spazierstock, wie sorgfältig gebürstet er die braunen Locken trug – das alles fand ich eher lächerlich.

Doch als er nach Rüschhaus kam, trug er keinen Stock. Die Jacke war aufgeknöpft, der Wind hatte ihm die Locken ins Gesicht geweht. Er kam in den Garten, als ich gerade in der Herbstsonne auf der Bank saß. Erst sah ich nur seinen Schatten. Du weißt, Mama, wie nahe mir jemand kommen muss, damit ich ihn erkenne. Er begrüßte Hermann, der gerade den Weg harkte, und blieb dann vor mir stehen.

„Mein Fräulein, ich habe Ihren Brief erhalten."

Hatte ich denn geschrieben? Es war mir entfallen. Nein, ich hatte es wohl vergessen wollen. Mein erstes Nachgeben: Ich hatte ihn eingeladen. Tatsächlich! Und nun war er da.

Wir gingen ins Haus, denn gerade schob sich eine Wolke vor die Sonne und kühler Wind kam auf.

Meine Alte meckerte wie eine Ziege im Hintergrund: „Fienen Besök biet Frölen."

Später saßen wir einander gegenüber, der Schatten wanderte über die Tapete mit den Tempeln und Zypressen, nach und nach verdunkelte er das Zimmer. Ich weiß nicht mehr, was wir geredet haben, ich weiß nur noch, dass er – kurz bevor das Tageslicht ganz erlosch – die feinen weißen Hände ausstreckte und sie auf meine legte. Er deckte mit seinen jungen Händen die Schrunden und Risse zu, die meinen Handrücken entstellten. Er tat so, als sähe er die hervortretenden Adern nicht.

Und er blickte mich fest an: „Ich habe keine Mutter mehr. So müssen Sie mein Mütterchen sein, Fräulein Nette!" Dann ging er und musste seinen Weg im Dunkeln suchen.

Ja, Mama, wärst du da gewesen, es wäre nicht geschehen. Du

hättest ihm vielleicht ein wenig Gebäck angeboten und ihn bestimmt rechtzeitig zurückgeschickt, dass er sich im Dunkeln nicht verirrte. Es war dir immer wichtig, dass sich niemand verirrte.

So oft ich konnte, war ich damals in Münster, sah mein Schlüterchen, von Mutter und Schwester gut umsorgt und bewacht, die anderen Freunde und – nicht ganz zufällig – Levin bei irgendeiner Gesellschaft.

Du, liebe Mama, hast in dieser Zeit Jennys Zwillinge gepflegt, getragen, gehütet. Es war mir den ganzen Winter lang bange um euch. Ich fürchtete, dass die kleinen Mädchen nicht überleben würden. Mir steckte noch die Erinnerung an die Kälte der Schweizer Berge in den Knochen. Zwei Jahre vorher hatten wir gemeinsam einen langen Winter bei der schwangeren Jenny ausgehalten, nächtelang wachend und zitternd um ihr kostbares Leben. Und kaum konnte sie wieder aufstehen, da warf uns dieser rasende Kutscher um, dass wir wie die Fische auf trockenem Sand am Straßenrand zappelten und jeder mühsam seine Glieder zusammensuchen musste.

Ich war nach ein paar Wochen wenigstens wieder so gesund oder krank wie vorher, wenn mir auch der Stoß an den Kopf mein Leben lang in Erinnerung bleiben wird. Aber der arme Laßberg! Er hat lange liegen müssen, und als er endlich aufstehen konnte, gehorchte ihm das eine Bein nicht mehr. Noch heute bin ich gerührt, wenn ich ihn durchs Zimmer hüpfen sehe, obwohl er eigentlich nur schnell laufen möchte, denn selbst ein alter Mann, der am liebsten im tiefsten Mittelalter forscht, hat es mitunter eilig …

Trotz dieser Erfahrungen bist du wieder in die Schweiz gefahren. Mich hätte nichts, aber auch gar nichts zu einer neuen Reise verleiten können, nicht einmal meine Sehnsucht nach Jenny und dir.

All meinen Befürchtungen zum Trotz ist es euch gelungen, die Kinder durch den rauen Bergwinter zu bringen. Und auch ich fand eines Morgens Schneeglöckchen im Garten, sah erstaunt nach oben – da war der Himmel auf einmal klar und weit. Am Nachmittag kam Levin.

Mit dem jungen Mann konnte ich über die Entscheidung sprechen, in welchem Verlag und an welchem Ort meine Gedichte erscheinen sollten. Er war für Münster. Wir sollten der Welt zeigen, dass auch hier die zarte Blume der Poesie erblüht ist, sagte er. Ich wollte ihm gern glauben.

Mit dir, Mama, *musste* ich über die Veröffentlichung sprechen. Die anderen würden ganz sicher dich für meine wirren Verse verantwortlich machen, und du solltest deiner missratenen Tochter wegen nicht rot werden müssen. Aber ich wusste von Anfang an, dass ich dir hämische Nachfragen nicht ersparen konnte.

„Wie kommt es nur, Therese, dass deine Tochter sich mit so seltsamen Dingen beschäftigt: Krieg und Schlachten, grauenvolle Verbrechen …? Davon sollten sittsame Frauen doch gar nichts wissen!"

„Ist es nicht etwas gewagt, liebe Freundin, wie deine Tochter das Sterben der Soldaten beschreibt? Mich schauderte es beim Lesen."

Was würdest du wohl auf solche Fragen antworten, fragte ich mich.

Arme Mama! Du hast es schon sehr früh gewusst: Schreiben ist gefährlich, ist gegen die gute Sitte. Wenn eine Frau schreibt, ist es, als würde sie ihren Busen entblößen. So etwas darf man nicht. Alle starren dann hin – nur um festzustellen, dass man das, was man sieht, nicht sehen darf. Und eine Adlige – die hat keinen Busen! Jedenfalls ist das bei uns in Westfalen so.

Klug, wie du bist, hast du besser als die meisten anderen verstanden, dass die hämische Kritik, die sich über meine Gedichte ergoss, wenig mit literarischem Verständnis, aber viel mit Standesehre, Sitte und Moral zu tun hatte. Wie danke ich dir, dass du selbst Werner gegenüber darauf bestanden hast, meine Gedichte seien nicht schlechter als die anderer gedruckter Dichter. Aber in einem

Punkt seid ihr euch einig gewesen: Es wäre besser für uns alle, wenn ich überhaupt keine Gedichte schreiben würde.

Wie soll ich dir erklären, dass ich fast schon erstickt war an den vielen Versen, die ich nicht geschrieben hatte? Wer soll das verstehen, der diesen Drang nicht in sich fühlt wie ein Geschwür? Ich wünschte ja selbst, dass ich anders wäre, so wie die adligen Töchter ringsum: ein wenig beschränkt, aber fleißig und vor allem tugendhaft.

Du hast dein Schicksal mit Würde getragen. Als ich wegen der Veröffentlichung bei euch in der Schweiz anfragte, hast du mir großzügig geantwortet (vielleicht hat Jenny auch ein gutes Wort für mich eingelegt) und mir erlaubt zu tun, was ich für richtig hielte. Nur mit Werner sollte ich sprechen. Ihm, der nichts davon verstand, musste ich meine Gedichte vorlegen. Er sollte prüfen, ob die Ehre unserer Familie durch irgendeine Bemerkung besudelt würde.

Tatsächlich hat er dann auch Anstoß daran genommen, dass ich den protestantischen Herzog von Braunschweig so gar nicht zum Teufel gemacht habe in meinem langen Gedicht von der Schlacht im Dreißigjährigen Krieg. Schließlich, meinte Werner, müsste der Leser doch merken, dass wir katholisch sind. Nun ja, ich habe mich gefügt und an einigen Stellen dem Christian von Braunschweig noch etwas Böses angehängt. Was hätte ich denn tun sollen?

Am Ende ließ ich die Reinschriften aller Gedichte bei Schlüter und bereitete meine Reise nach Bökendorf vor. Du wolltest unbedingt, weil du selbst so weit fort warst, dass ich die lieben Verwandten besuche. Den alten Groll hatte ich fast schon überwunden – und wäre doch lieber in Rüschhaus geblieben.

Levin kam, als die Koffer gepackt waren und Trutchen gerade mein Reisekleid bügelte. Onkel Fritz, der mich begleiten sollte, war trotz des schlechten Wetters noch einmal nach Hülshoff hinübergefahren, und so saß ich mit meiner Alten allein am Herd in der Küche. Da flog schwungvoll die Tür auf und Levin stolperte herein.

Von seinem Umhang tropfte das Wasser und bildete kleine Lachen um ihn herum. Die Alte kicherte, und er zog lachend das Schnupftuch heraus, um sich das Gesicht abzutrocknen. Ich war vor Schreck aufgesprungen.

„Nein, nein, mein Fräulein", rief er beschwichtigend, „bleiben Sie sitzen! Ich bin nur gekommen, um Ihnen zu sagen, dass nach Ihrer Abreise mit Sicherheit das ganze liebe Westfalen in den Fluten untergehen wird. Die Sintflut war nichts gegen das, was jetzt geschieht. Tränen strömen vom Himmel, und aus der Erde brechen Wasserbäche. Haben Sie Zweifel, so sehen Sie mich an!"

Jetzt musste auch ich lachen, aber gleichzeitig saß mir ein Kloß im Hals, und Levins Augen blickten bei aller Schalkhaftigkeit sehr ernst auf mich.

„Sie kömmt doch wieder", murmelte die Alte. Und zum ersten Mal in meinem Leben hatte ich keinen Zweifel, dass ich gern wiederkommen würde.

Ein guter Mensch liebt seine Heimat. Ich bin ein guter Mensch, ich will ein guter Mensch sein, deshalb will ich meine Heimat lieben. Ich will das flache Land lieben bis zum Horizont, die morastigen Äcker und die schweigend ihr Futter zermalmenden Kühe. Dem Himmel will ich verzeihen, dass er wochenlang grau ist und seine Wolken fast bis in die Kronen der Bäume hängt. Ich will den eintönigen Regen lieben, der die Wege aufweicht, und den Sand, der mir an heißen Tagen in die Augen beißt. Ja, natürlich, ich bin doch ein guter Mensch, ich liebe die schwarzen Pfützen, die den Himmel klarer spiegeln als das Glas, in dem ich morgens mein Gesicht sehe.

Am meisten aber liebe ich die Menschen, die so viel Zeit haben, den Wolken nachzusehen und nachzudenken, und unserm Herrgott gern Vorschriften machen, wie er mit ihnen und den Nachbarn umgehen soll. Sie reden langsam und antworten dir auf eine Frage meist erst am übernächsten Tag. Dann aber kannst du sicher sein, dass ihre Antwort gründlich durchdacht ist. Weil zwischen den stolzen Höfen immer einige Entfernung liegt, reden sie auch recht laut miteinander. Du hörst die kräftigen Frauenstimmen schon, wenn du dich auf ein paar hundert Meter dem Wohnhaus näherst.

Am liebsten machen sie alles so, wie es schon ihre Urgroßväter gemacht haben. Schließlich sind Veränderungen gefährlich. Sie schätzen ihre adligen Herren, aber wehe, einer führt Neuerungen ein. Dann werden die Gesichter rot und es recken sich auch schon mal die Fäuste. Wäre es nicht ein so schweres Wort, würden sie „Revolution" brüllen. Über Äußerlichkeiten sind sie erhaben, weil Gott ein Feind von Eitelkeit ist, aber sie mögen niemanden, der sich nicht nach ihren Sitten kleidet. Natürlich verlassen sie sich allein auf den Herrn, und deshalb sind sie auch gegen die Preußen, weil die Protestanten sind. Pfui, Teufel!

Verläuft sich gar ein Rheinländer in diese Gegend und singt womöglich am helllichten Tag ein fröhliches Lied vor sich hin, dann ist ihnen das der Beweis: Es kann nicht mehr weit sein bis zum Jüngsten Gericht. Muss man sie nicht lieben, diese runden Gesichter, diese treuen blauen Augen und die dicken Lippen, die nur sehr langsam Worte bilden – manchmal sogar einen ganzen Satz?

Beruhigt stelle ich fest: Ich bin ein guter Mensch. Ich liebe meine Heimat. Levin hat mich zu einem guten Menschen gemacht.

Ich war noch in Bökendorf, als die Gedichte dann wirklich gedruckt erschienen. Wie ein Räuber, der sich im Gebüsch versteckt, während die Polizei ihn auf dem Weg sucht, verhielt ich mich ganz still, ganz unauffällig. Ich rührte mich nicht, selbst wenn von Gedichten die Rede war, die dieser oder jener geschrieben hatte. Und ich hatte Recht damit, denn als plötzlich ein ganzes Paket mit meinen Gedichtbänden eintraf, adressiert an die verschiedenen Familienmitglieder, da hagelte es Tritte und Schläge: „Reiner Plunder"; „konfus, unverständlich"; „wirres Zeug" …

Sie versuchten nicht einmal, hinter meinem Rücken zu tuscheln, sie sagten es mir offen ins Gesicht: „Wie kann ein vernünftiger Mensch sich nur so blamieren?"

Ich winde mich wie ein Wurm unter all den Blicken und Anspielungen. Jeder, der auch nur eine Zeile der Gedichte gelesen hat, gibt jetzt ein sachkundiges, umfassendes Urteil ab. Wenn ich es noch nicht gewusst hätte, jetzt wäre es mir endlich klar geworden: Ich hätte es nicht tun sollen. Jetzt gehöre ich nicht mehr zu ihnen.

Im September kann ich endlich nach Rüschhaus zurückkehren, kann wieder in mein Schneckenhaus kriechen, kann wieder bei mir sein. Und Levin kommt wieder.

Ich sitze auf der Bank, und plötzlich ist er da. Ich erzähle und er hört zu.

„Mütterchen", sagt er, die Magd ist gerade um die Ecke verschwunden, „Mütterchen, lesen Sie mir vor, ich will auch ganz brav zuhören. Das von dem kranken Vogel, bitte, Ihr Pferdchen hält still …", und streichelt wieder meine Hände, als seien sie schön, dabei sind sie doch faltig und schlaff.

„Wird denn mein Pferdchen auch tragen können, was ich ihm aufbürde? Wird es auch nicht ausschlagen und davongaloppieren?"

„Nein, Mütterchen, nein, ganz gewiss nicht. Lesen Sie!"

„Steig auf, mein Vogel, in die blaue Luft,
Ich schau dir nach aus meinem Kräuterduft. –
Weh, weh, umsonst die Sonne ruft
Den kranken Aar mit gebrochnen Schwingen!"

In der Nacht, bevor du zurückgekommen bist, Mama, habe ich alle Briefchen des jungen Levin verbrannt. In die Asche habe ich mit dem Finger ein Kreuz gezeichnet. Und als Wilmsen kam, um uns die Beichte abzunehmen, gab ich nicht zu, dass ich Geheimnisse vor meiner lieben Mama verbarg.

Im Übrigen hatte sich inzwischen das literarische Publikum in

Münster zu meinen Gedichten geäußert. Erstaunlicherweise lobten die Kenner meine Verse wie eine Offenbarung vom Himmel, aber natürlich nur die bürgerlichen. Dem Adel blieben sie verdächtig, schon deshalb, weil kaum einer von den adligen Herren es schaffte, mehr als fünf Strophen hintereinander zu lesen. Oder gar solche Stellen:

> „Er legte selbst den Grundstein seiner Schmach,
> Als er mit ungestümer Grille Hang,
> Wie Schwache gerne keck und seltsam scheinen,
> Dem Fremdling auf sich zum Genossen drang …“

Ich habe versucht, diese Verse meinem Bruder Werner zu erklären.

„Du weißt doch, dass manchmal ein Fremder, der nach Westfalen kommt, von allen angestarrt wird wie ein schönes wildes Tier. Gerade diejenigen, die über Münster – Osnabrück nie hinausgekommen sind, meinen, sie könnten wie Weltmänner auftreten, wenn sie so einen Paradiesvogel zum Freund hätten. In der Geschichte vom ‚Vermächtnis des Arztes‘ verliebt sich nun aber die schöne Braut des Angebers in den Fremden.“

„Ach so“, sagte Werner, der bisher von der Handlung offensichtlich nichts verstanden hatte. „Aber warum werden die beiden dann von den Räubern umgebracht?“

„Hast du noch nie davon gehört, dass eine Räuberbande ihren Hauptmann bestraft, wenn er aus Liebe seinem Handwerk untreu wird?“

„Was du aber auch alles weißt“, warf Caroline kopfschüttelnd ein. „Ich käme nie auf die Idee, dass solche Verbrecher an etwas anderes denken als an Rauben und Morden.“

„Oh, da gibt es …“

Aber ehe ich meiner Schwägerin etwas von dem Ehrgefühl mancher Räuber erzählen konnte, rannte sie schon aus dem Zimmer in die Küche, und Werner meinte herablassend, ich sollte meinen Versen doch beim nächsten Mal Erklärungen beifügen, damit auch ein hart arbeitender Familienvater sie ohne allzu großen Zeitaufwand verstehen könne.

Diese Bemerkung habe ich natürlich sehr gut verstanden, aber anstatt nun auch hart zu arbeiten, bin ich so schnell wie möglich nach Rüschhaus zurückgekehrt, wo niemand sich daran störte, wenn ich den halben Tag auf meinem Sofa lag und nachdachte. Ich bin Werner und Caroline nicht böse. Sie können nicht ahnen, was mit mir geschehen ist.

Wer schreibt, verdient den Namen Mensch nicht, denn alles, was er fühlt, gerinnt zu toten Buchstaben. Wo andere lieben, schreibt er von Liebe. Wo andere vor Entsetzen schreien, macht er schöne Verse. Wo andere leben, reiht er Wörter aneinander. Wer schreibt, erträgt nicht das Leben um sich her, er hat schon an seinem eigenen Leben schwer zu tragen. Die ihn am meisten lieben, müssen ihn am ehesten allein lassen – und doch ohne Zögern zur Stelle sein, wenn die Feder aus der Hand gleitet und der erstaunte Blick ringsum wahrnimmt: Hier ist ja ein Zimmer. Draußen liegt ein Garten. Es scheint Herbst zu sein. Bald ist Essenszeit.

Wenn dann jemand da ist, der dem, der eben geschrieben hat, liebevoll wie einem kleinen Kind erklärt: Du hast zu lange gesessen, die Luft hier ist schlecht, leg dir ein Tuch um die Schultern, wir wollen ein wenig in den Abend hinausgehen – wenn das jemand tut, muss man ihn mehr loben als den, der Gedichte geschrieben hat, denn er lässt den Dichter Mensch werden.

Levin legte mir ein Tuch um die Schultern, und wir gingen hinaus. Das rührte mein dummes Herz, obwohl ich ihn eigentlich immer noch lächerlich fand, wenn er – die albernsten Komplimente drechselnd – zur Tür hereinstolperte oder sich auf einer Gesellschaft vor dem Spiegel drehte und wendete wie eine heiratswütige Jungfrau. Ich äußerte mich über ihn auch so abfällig wie nur möglich (wenn ich wusste, dass er es nicht erfahren würde) und gab mir große Mühe, selbst zu glauben, was ich im Brief schrieb oder zu einer Freundin sagte. Aber mein Widerstand schmolz wie der Schnee auf den Beeten hinter dem Haus.

Sonntags traf sich die „Heckenschriftsteller-Gesellschaft" bei Elise Rüdiger. So oft ich konnte, war ich dabei, auch wenn der Weg weit und mühsam war. Wir Dichter und Dichterinnen und alle, die sich dafür hielten, tranken Tee, schwatzten, diskutierten Neuerscheinungen, sangen holprige Loblieder aufeinander. In Wirklichkeit gönnte keiner dem anderen auch nur den kleinsten Erfolg, aber jeder tat, als sei er die Mensch gewordene Selbstlosigkeit. Wir lasen französische Romane und deutsche Gedichte, zerrissen sie mit scharfem Spott und wünschten doch, wir hätten etwas so Gutes geschrieben.

Ohne Elise, die über allem mit der Sicherheit und dem Lächeln einer olympischen Göttin thronte, wären wir einander vielleicht auch einmal an die Gurgel gegangen. Aber ihr gelang es, selbst die von uns allen abgrundtief verachtete Luise von Bornstedt in einem Gespräch dazu zu bringen, andere Gedichte zu loben. Dazu duftete der Tee, klirrte der Kandis in der Tasse, schlüpfte das Dienstmädchen mit den Brezeln herein, und im Gemurmel der Stimmen verlor sich selbst meine Gereiztheit. Ich wurde freundlich und mild – vielleicht auch, weil der Arm, der sich neben mir auf die Sessellehne stützte, Levin gehörte. Natürlich streichelte er in Gesellschaft nicht meine Hände und sah auch eher den anderen Damen tief in die Augen. Aber er war da. Seltsam hartnäckig und unauffällig suchte er meine Nähe, mischte sich geschickt in jedes Gespräch, das ich führte, und widersprach mir nur selten.

Ich begann, mich auf den Sonntag zu freuen, und du warst erstaunt, Mama, wie wichtig es mir war, in Münster zur Messe zu gehen. Du hast natürlich Hülshoff vorgezogen, wo die Kinder unter deinen strengen Blicken lernten, sich im richtigen Augenblick mit der richtigen Hand zu bekreuzigen.

Inzwischen gingen meine Gedichte ihre eigenen Wege. Jeder Herausgeber einer Gedichtsammlung meinte, auch ein paar Verse von der Droste-Hülshoff aufnehmen zu müssen, von der man auf einmal so viel sprach. Ich wurde gedruckt und wusste selbst bald nicht mehr, wo überall. Zugleich fingen viele wohlmeinende Leute an, sich den Kopf darüber zu zerbrechen, was ich als Nächstes schreiben sollte. Ich habe niemanden gefragt, aber jeder fühlte sich verpflichtet, mich zu belehren und zu ermahnen. Was ich da alles hörte:

Schlüter will endlich eine Sammlung geistlicher Lieder zur Erbauung frommer Seelen herausbringen. Die Verwandtschaft meint: Dein Talent ist humoristisch! Du musst Komödien schreiben – juchhu! Levin und sein seltsamer Freund, der Dichter Freiligrath, wollen von mir Schilderungen des malerischen, des schönen Westfalen. Ja, soll ich denn heute Kirchenlieder, morgen einen Schwank und übermorgen eine westfälische Gespenstergeschichte zu Papier bringen?

Ich habe ihre Wünsche alle erfüllt, habe mich über sie lustig gemacht – und sie waren beleidigt. Ich habe meine verzweifelten Gebete in Verse gefasst – und die waren nicht fromm genug. Dann habe ich über Westfalen geschrieben. Das hat wenigstens Levin gefallen. Und so war ich einmal zufrieden. Aber …

Es gab da noch eine Geschichte aus dem östlichen Westfalen, genauer gesagt aus Bökendorf, die mich mehr als alle anderen fesselte. Sie haben mir keine Zeit gelassen, die Onkel und Tanten, die Schlüters und Heckenschriftsteller, sonst hätte ich damals schon von dem Mörder geschrieben, dem Unglücklichen, den die Leute unseres Großvaters im Wald fanden, am Baum erhängt, an demselben Baum …

Im Sommer schlich ich durch die Wälder bei Bökendorf. Immer wenn ein Zweig knackte oder ein Ast brach, meinte ich, er komme nun hinter dem Gebüsch hervor: der Sklave aus Algerien mit den flackernden Augen, in denen sich der Todeskampf seines Opfers spiegelte. Ich sollte viel spazieren gehen in diesem Sommer, weil ich zu dick und kurzatmig geworden war. Also ging ich los, schleifte meine schweren Röcke quer durch das Unterholz und suchte mir einen Platz, wo ich mich hinhocken und warten konnte. Dann in der flimmernden Mittagshitze erschienen sie vor mir: der Förster Brandes mit seiner Todeswunde, der sterbende Jude, die Hand zum Himmel gereckt – und der kleine Junge mit dem verstörten Blick, der seiner Mutter nicht gehorsam war und dem Teufel verfiel. Wenn sie kamen, sprach ich mit ihnen. Ich hörte ihre Klagen in den Blättern rauschen und schlug manchmal die Hände schützend vors Gesicht, weil sie so nah waren, dass ich ihren Atem zu spüren meinte.

Aber bevor ich das alles in Buchstaben, Worte und Sätze fassen konnte, war der Tag schon wieder um. Ich musste mich beeilen, um vor Einbruch der Dunkelheit im Haus zu sein, den Rock gebürstet, die Hände gewaschen. Und immer wartete jemand auf mich: ein freundlicher Onkel, eine griesgrämige Tante. Sie wollten sich mit mir unterhalten – über die Ernte, die Faulheit der Bauern, den Verfall der Sitten und das Verschwinden der guten alten Zeit.

Saß ich dann spät abends in meinem Zimmer, konnte ich keine Feder mehr halten. Es war mitunter auch kein Papier da, und wenn ich mir etwas beim Verwalter holte, sah er mich sehr erstaunt an. Natürlich hatte er Recht: Ich sollte besser sticken. Nur kam es mir manchmal so vor, als gäbe es schon genug bestickte Wäsche in unseren Häusern.

Ganz sicher hätte ich noch im Winter, allein in Rüschhaus, die grausame Geschichte von dem erschlagenen Juden zu Ende geschrieben, wenn nicht (Levin war zu seinem Freund Freiligrath an den Rhein gefahren) in meinem Kopf plötzlich ein solcher Druck gewesen wäre, dass ich meinte, er müsste platzen. Bönninghausen kam, saß lange an meinem Bett und erläuterte mir seine Behandlungsweise. Dann ging er in die Küche und mischte die Tropfen. Obwohl ich ihm vertraute und die bittere Medizin gewissenhaft schluckte, gab es wochenlang keine Besserung.

Ich lag im verdunkelten Zimmer, wimmernd vor Schmerzen,

und behielt kaum etwas bei mir. Nur aus der Ferne hörte ich, was sich im Hause abspielte: das Klappern der Töpfe in der Küche, das Schimpfen der Köchin und wildes Hundegebell, wenn sich ein Fremder dem Haus näherte. Du bist von Hülshoff herübergekommen, Mama, aber warst so ratlos wie alle anderen auch. Mir war es nur Recht, dass du wieder zurückgefahren bist. Ich blieb lieber allein mit meinen Schmerzen.

Immer am Dienstag Nachmittag ging es mir etwas besser. Ich schreckte aus dem Bett hoch, wenn ich draußen Lärm hörte, und schlich zum Fenster. Die Bäume hielten gerade noch ihre letzten Blätter fest, und jenseits der Baumreihe lagen die Felder abgeerntet und kahl. Ich wusste, dass Levin nicht kommen konnte, aber ich stand trotzdem lange am Fenster und sah, wie die Sonne sich in den kahlen Zweigen verfing und dann von dunklen Wolkenungeheuern verschlungen wurde. Ich stand, fror, aber mein Herz schlug höher; jedesmal, wenn der Hund am Dienstag anschlug. Denn Dienstag war unser Tag.

Die Tage waren schon sehr kurz geworden, ich brauchte das Fenster nicht mehr zu verdunkeln, um meinen armen gequälten Kopf vor dem Licht zu schützen, da kam ein Brief von Levin. Hermann brachte ihn von der Postmamsell, der Bücker, herüber und gab ihn meiner Amme.

Die Alte dachte, dass ich zu schwach sei, um Briefe zu lesen, und trug ihn noch zwei Tage in der Schürze. Dann endlich erfuhr ich: Er ist in Münster. Er wird kommen. Am Dienstag.

Ich konnte nicht draußen auf der Bank auf ihn warten, wie ich es sonst getan hatte, dazu war es zu kalt. Vom Fenster aus sah ich den Weg nicht, den er kommen musste. So wanderte ich ungeduldig im Schneckenhäuschen auf und ab, bis ich schließlich den Hund bellen hörte. Da ging ich ihm langsam entgegen – wie eine sehr alte Frau.

Sein Kindergesicht verfinsterte sich, als er mich sah. Zum ersten Mal erkannte ich Spuren des Alters um seine Augen und auf seiner Stirn. Er fuhr sich gleichgültig mit der Hand über die Locken und achtete auch nicht darauf, dass seine Schuhe schmutzig waren. Er sah mich nur einfach an – voller Sorge – und sagte dann mit einem leisen Lächeln: „Ich darf mein Mütterchen nicht allein lassen."

„Du wirst mich bald sehr lange allein lassen müssen."

„Warum?"

„Jenny und Laßberg geben keine Ruhe. Jetzt, wo sie am Bodensee wohnen, soll ich unbedingt kommen. Dort würde ich gesund werden, glauben sie."

„Dann werde ich Sie begleiten. Sagen Sie, dass ich Ihr Sekretär bin."

Ich musste lachen über diese Idee. Wir setzten uns zum Kaffee in das kleine Zimmerchen zwischen dem Erdgeschoss und dem ersten Stock, später gingen wir ins Schneckenhäuschen. Es war schon spät, als er wieder aufbrach. Beim Abschied hielt er lange meine Hand, und da erinnerte ich mich an seinen Vorschlag.

„Willst du wirklich, wenn es möglich ist … willst du wirklich mit mir …?"

Es war noch nie jemand mit mir gegangen, immer war ich mit anderen unterwegs gewesen.

„Ich lasse mein Mütterchen nicht allein", wiederholte er sehr ernst.

Wir stiegen gemeinsam die Treppen hinunter und traten vor das Haus. Ein kühler Wind strich mir übers Gesicht. Levin ging in die Dämmerung hinein, und ich stand an die Tür gelehnt und sah ihm nach. Zweimal hat er sich noch umgedreht und die Hand gehoben. Den Ausdruck seines Gesichtes konnte ich nicht mehr erkennen. Die schlanke Gestalt verschmolz mit den Schatten in der Allee. Ich starrte nur noch ins Dunkle.

„Frölen, Frölen, see verköhlt sikk!"

Meine Amme stürzte aus der Tür und schlug die Hände über dem Kopf zusammen.

„Jenny", dachte ich, „gute, alte Jenny, du musst mir helfen!"

Süße Ruh, süßer Taumel im Gras,
Von des Krautes Arome umhaucht,
Tiefe Flut, tief tief trunkene Flut,
Wenn die Wolk am Azure verraucht,
Wenn aufs müde, schwimmende Haupt
Süßes Lachen gaukelt herab,
Liebe Stimme säuselt und träuft
Wie die Lindenblüt auf ein Grab.

...

Stunden, flüchtger ihr als der Kuss
eines Strahls auf den trauernden See,
Als des ziehenden Vogels Lied,
Das mir niederperlt aus der Höh,
Als des schillernden Käfers Blitz,
Wenn den Sonnenpfad er durcheilt,
Als der heiße Druck einer Hand,
Die zum letzten Male verweilt.

Dennoch, Himmel, immer mir nur
Dieses eine mir: für das Lied
Jedes freien Vogels im Blau
Eine Seele, die mit ihm zieht,
Nur für jeden kärglichen Strahl
Meinen farbig schimmernden Saum,
Jeder warmen Hand meinen Druck,
Und für jedes Glück meinen Traum.

„Im Grase" (1844/45)

6. Kapitel: Nach Süden

„Sophie wartet schon lange auf einen Brief.“

„Warum hast du Clemens nicht zum Namenstag geschrieben?“

„In Hülshoff brauchen sie dich, Moritz ist schon wieder krank. Es sieht schlecht aus.“

„Du solltest dich besser um die musikalische Ausbildung deiner Nichten kümmern!“ ... Ja, Mama, ich sollte ... Stattdessen sitze ich in meinem Schneckenhaus.

Bönninghausen kommt und notiert in sein liniertes Heft: „Diarrhoe. Husten. Würgen. Erbrechen. Atemnot.“

Manchmal reiße ich mir das Mieder auf, um Luft zu bekommen.

Als ich wieder atmen kann, schickt Werner die Kutsche von Hülshoff herüber und lässt mich nach Münster bringen. In Münster geht es mir besser. Ich besuche täglich mein Schlüterchen, und wir sprechen über meine Gedichte. Er wiederholt ein, zwei Verse:

„Ist es ein schwacher Posten auch,

Auf den mich deine Hand gestellt ...“

und wendet den Kopf verzückt zum Himmel. Er wiederholt sie noch einmal, die Hände ringend. Dann wendet er sich mir zu, tastet nach meinen Schultern und drückt mich mit seiner ganzen Kraft.

„Großartig, Fräulein Nette, großartig! Sie tragen Licht in die Dunkelheit der Zukunft, Sie machen die Welt hell ...“ und so fort.

Wenn es nur auch in mir hell würde!

Dann bin ich wieder in Rüschhaus. Das Schmeicheln, das Geschwätz, die albernste Konversation, die tief schürfendsten Gedanken – alles verklingt in mir, wie sich ein Echo zwischen Felswänden verliert. Ich höre mich lachen – und weiß nicht mehr worüber. Was ich gesagt habe, war sicher genauso belanglos und dumm, so albern und unwahr wie das, was die anderen redeten. Die Stille ist wie ein warmer Mantel. Sie hüllt mich ein, deckt mich zu. Die einsame Kerze auf meinem Tisch flackert bei jedem Windstoß, der ums

Haus heult. Ich hocke mich auf mein Sofa und schreibe einen Brief. Einen Brief an den jungen Schücking.

„Lass dich nicht abhalten, kleines Pferdchen, herauszutraben über Felder und Wiesen. Ich weiß wohl: Der Weg ist weit. Und es gibt schöne Frauen in Münster, denen der hübsche Junge gern den Hof macht. Ich habe es gesehen, wie er da katzbuckelt, und gehört, was für feine Schmeicheleien aus seinem Mund tropfen. Aber ich weiß, dass er sein Mütterchen nicht vergisst …"

Nein, er vergisst mich nicht. Er kommt. Und ich kann wieder atmen. Die Dunkelheit fällt durch die Fenster ins Schneckenhäuschen, und wir starren hinaus. Da flackern Lichter über die Heide, da zuckt es in den kahlen Zweigen. Gespensteraugen leuchten hinter den Scheiben – dem Jungen stockt fast der Atem, aber ich, ich kenne sie! Und wenn ich zu erzählen beginne, dann hängt sein Blick an meinen Lippen, saugt er mir die Worte aus dem Mund, verknotet die Sätze miteinander. Wehe, ich hebe die Hand! Er greift danach mit einem leisen Schrei: „Gefangen!" Und ich winde mich in seinem Griff wie ein Geist, der sein Schlupfloch noch nicht erreicht hat, wenn die Uhr Eins schlägt.

Unsere Blicke bohren sich ineinander. Er sieht etwas, was sonst noch niemand gesehen hat …

Schlüter klagt, dass er nichts mehr von mir hört. Die Bornstedt will mich besuchen, und ich muss immer neue Gründe erfinden, sie mir vom Leibe zu halten. Aber Levin kommt und geht – bis Adele aus Bonn anreist und in meinem Schneckenhäuschen die Papiere und Versteinerungen durcheinander wirbelt. Dabei lobt sie lauthals die Stille und schwört, sie würde hier – zwischen den Wassergräben – zur Künstlerin reifen, wenn man sie nur ließe. (Ich frage mich, wer sie eigentlich daran hindert.)

Wenn wir abends durch den Garten gehen und die Nachtigallen unversehens neben uns im Gebüsch zu singen beginnen, dann fasst sie meinen Arm und wiederholt mit Tränen in den Augen: „Ich träume, ich träume", bis der Vogel vor Schreck verstummt. An Ottilie von Goethe schreibt sie und liest mir vor: „Unter euch, dir und Annette, hat Gott, als er die Welt erschuf, die Liebenswürdigkeit geteilt ..." oder so ähnlich.

Ich bin gerührt, aber ob die Schwiegertochter des großen Goethe wohl auch gerne hört, dass sie sich die Liebenswürdigkeit mit einem westfälischen Landfräulein teilen soll?

Und immer, immer, Mama, hast du gedrängt: „Wir reisen im Herbst nach Meersburg, wir reisen zusammen an den Bodensee! Denk an deine Gesundheit! Denk an die Liebe deiner Schwester!"

Nachts schrieb ich einen Brief an Jenny – und habe ihn bis zum Morgen zerrissen und verbrannt. Es ging nicht. Ich musste Jenny sprechen. Aber Jenny war weit. Und in Münster begannen sie über uns zu tuscheln. Die Bornstedt, dieses Klatschweib, säuselte beim Tee, wie wundersam doch eine späte Liebe Menschen verwandeln könne. Sie ließ sich lang und breit aus über das Verlangen unreifer Knaben nach mütterlicher Zuwendung, flocht auch noch eine Bemerkung ein, dass die äußere Erscheinung keine Rolle spiele, wenn nur die Seelen auf den gleichen Ton gestimmt seien ...

Die anderen sahen peinlich berührt zu Boden, während Levin wie versteinert neben meinem Sessel stand und die Teetasse ruhig zu halten versuchte. Als ich ihr vorschlug, einen großen Roman zu diesem Thema zu schreiben, weil die Öffentlichkeit ja schon lange auf einen Beweis ihrer ungewöhnlichen literarischen Begabung warte, da war sie beleidigt und fühlte sich – wie immer – unverstanden.

Nachts konnte ich nicht schlafen vor Angst und Wut. Sollte dieses dumme Weib wirklich das Recht haben, unsere Geheimnisse breitzutreten und vielleicht sogar mit ihrer Klatscherei in meiner Familie Unruhe zu schaffen? Ich sah Werner schon die Augenbrauen hochziehen. Vor allem aber – es war das Schlimmste, und ich wagte es gar nicht zu denken: Würdest du mir verbieten, Levin in Rüschhaus zu empfangen?

Du hast nichts gesagt, Mama, obwohl du sicher gehört hast, wie sie einander zuflüsterten: „Sie schreibt ihm zweimal in der Woche." – „Er wandert jede Woche nach Rüschhaus. Angeblich bringt er ihr Bücher." – „Stundenlang streifen sie allein durch den Wald, hat die Magd erzählt."

Du hast dich erhaben gezeigt über die Niedrigkeit deiner Mitmenschen. Aber es war dir sehr wichtig, dass ich mit dir nach Meersburg fahre. Und mir war es wichtig, dass ich nicht mit dir reise, dass ich in Rüschhaus bleiben kann, dass es einmal in der Woche Dienstag wird …

Gleichzeitig musste ich etwas tun, dass mir der Junge nicht verhungerte. Er hatte kein Geld, schlicht und einfach nichts, wovon er leben konnte. Ich versuchte es bei deinem Bruder August, dem ich zu seiner Sammlung von volkstümlichen geistlichen Liedern beisteuerte, was ich nur konnte. Aber obwohl er sich mir durchaus verpflichtet fühlte, konnte er Levin nicht helfen.

Ich versuchte es überall, wo ich Freunde und Gönner hatte, ich pries meinen Jungen an wie eine Ware und fürchtete doch nichts mehr, als dass er mich verlassen würde.

Was seine Not war, war meine Rettung: Ich hatte auch kein Geld, wollte keins haben, und konnte darum nicht reisen. Ob Jenny es geglaubt hat? Sie kannte den Wert meiner seitenlangen Beteuerungen wahrscheinlich besser als du. Und vielleicht hat sie auch zwischen den Zeilen gelesen: Schwesterlein, ich muss dich sehen! Ich muss dich sprechen! Ich muss dir etwas erklären! Komm zu mir, liebe Schwester!

Aber es kam erst einmal, so schnell wie es zwischen Meersburg am Bodensee und Münster in Westfalen nur möglich ist, eine Antwort von Jenny: Sie wollte meine Reisekosten übernehmen! Damit stürzte sie mich in große Schwierigkeiten, denn nun musste ich einen anderen Grund finden. Und es fand sich ein Grund, ein trauriger Grund, den selbst du, liebe Mama, akzeptieren musstest:

Unser kleiner Ferdinand war krank, es waren seine letzten Wochen. Sie brauchten mich wirklich in Hülshoff, und so blieb ich, während du mit der „Extrapost" Richtung Süden geschaukelt bist. Kaum warst du fort, habe ich noch einen Brief an Jenny hinterhergeschickt.

„Es ist eine traurige Sache, dass wir so weit voneinander wohnen und nie alle zusammen sind. Ich bin nun allein und gehe einem trübseligen Winter entgegen. Doch es ist mir mal von Gott auferlegt und ja auch mein eigener freier Wille …"

Diese Sätze waren nicht gelogen, wenn sie auch die Wahrheit verbargen, denn ich war wirklich allein, als ich sie schrieb. Levin musste einmal wieder zu seinem Dichterfreund Freiligrath, um sich Arbeit zu holen, und der Winter wurde trüb. Aber es gab Stunden – Stunden, Mama, für die ich noch heute Gott danke, trotz allem, was danach kam …

Wir saßen über vollgeschriebene Seiten gebeugt, während der Novemberregen ans Fenster prasselte, strichen durch, fügten ein, lasen und lachten, erzählten und fragten einander:

„Wann waren Sie in Büren, Mütterchen?"

„Ach, es ist schon lange her. Wir sind durchs Sauerland gereist, Mama, Jenny …"

„Ich weiß, ich weiß, der ganze Hofstaat!"

„Als wir in diese Kirche kamen, ging mir ein Licht auf. Alle Heiligen begannen zu tanzen und ihre Gewänder wehten vor meinen Augen. Die Gestalten ganz oben in der Kuppel konnte ich mit meinen schlechten Augen nicht erkennen, aber es kam mir so vor, als lächelte die heilige Jungfrau mild auf mich herab, als wüsste sie alles und könnte alles verstehen. So stelle ich mir die Kirchen in Italien vor, so hell, so leuchtend und so bewegt. Aber ich werde sie wohl nie sehen."

„Warum nicht, Mütterchen? Wir verdienen uns viel Geld mit dem Buch über das schöne Westfalen. Der Verlag hat einen Vorschuss in Aussicht gestellt. Dann nehmen wir uns eine Kutsche …"

„Aber Levin, ich kann doch nicht mit dir nach Italien fahren."
„Warum nicht? Ich bin der wackere Sohn, und Sie sind mein Mütterchen."

Wind heulte am Fenster, blies durch die Ritzen, dass unser armseliges Licht fast erloschen wäre. Ich ergriff seine warme Hand.

„Guter Junge!"

Auch wenn es nie geschehen würde, so war doch in diesem Augenblick mein Herz nach Italien gereist, während der westfälische Himmel Kübel voller Wasser über das Land goss.

In solchen Stunden konnten mir die seltsamsten Vorstellungen kommen – der Himmel grau und verhangen, meine Mutter, mein Bruder, meine Schwester weit fort: Warum nicht mit Adele und Freiligrath und – natürlich – Levin an den Rhein ziehen? Jeder bekommt sein Zimmer, sein Schneckenhaus. Jeder darf dichten, den ganzen Tag und nach Herzenslust. Am Abend versammeln wir uns und lesen einander vor. Da mögen sich Freiligraths Helden aus fernen Ländern mit meinen westfälischen Gespenstern messen. Levin ist der Schiedsrichter, und Adele höre ich schon Beifall schreien. Wenn es draußen stürmt, kommt ein guter Wein auf den Tisch …

Aber du hättest natürlich nie dein Einverständnis gegeben, Mama, ich weiß. Ich sollte lieber Kranke pflegen und durch Briefeschreiben die Familie zusammenhalten. Und du hattest Recht. Ich fühlte, dass du Recht hattest, als die Kopfschmerzen mich wieder packten, als ich am Husten fast erstickte und das Fieber meine Sinne verwirrte. Da sehnte ich mich nach deiner kühlen Hand, die über meine Stirn streicht, und deiner ruhigen Stimme, die sagt: „Du bleibst jetzt liegen. Und rühre das Schreibzeug nicht an!"

Also bin ich nicht mit Levin nach Italien gefahren und nicht an den Rhein gezogen, bin in Rüschhaus geblieben und nach Hülshoff gegangen, wenn sie mich riefen. Und ich wartete auf Jenny. Vielleicht – wenn nicht Italien, wenn nicht der Rhein, vielleicht der Bodensee, vielleicht das alte Schloss, in dem sich Laßberg mit seinen Manuskripten vergraben hatte. Vielleicht gab es dort für uns einen Platz, über dem Wasser und unter der Sonne …

Zwei Jahre lang sprachen wir davon, träumten. Ich erzählte Levin von Laßbergs staubigen Büchern, beschwor ihn schon im Voraus, nur mit Handschuhen daran zu gehen … Und gleichzeitig wanderten meine Gedichte im Land umher, und die Leute sprachen von einer seltsamen Dichterin, die da irgendwo zwischen Sumpf und Heide unheimliche Verse aufs Papier kritzelte.

Wenn einer eine besondere Gabe von Gott hat, muss er sie zu *Seiner* Ehre anwenden, schrieb mir ein frommer Mann, nachdem er meine Gedichte gelesen hatte. Ich antwortete und versuchte ihm zu erklären: Gott ist so groß und ich bin so klein. Wie kann ich leben, wenn ich immer vor seiner Größe zittern muss?

Ich nehme nicht an, dass der kritische Leser mich verstanden hat. Vielleicht ist sein Gott kleiner, weniger erschütternd und weniger furchterregend. Vielleicht kennt er ihn auch gar nicht, sondern glaubt nur den Erzählungen seines Priesters.

Ach, ich wünsche niemandem, dass er die Wucht von Gottes Anspruch so in allen Gliedern spürt wie ich. Wenn ich nicht von meinem guten Schlüter die Anregung bekommen hätte, den Angelus Silesius zu lesen, den schlesischen Sänger von Gottes Liebe, vielleicht wäre ich schon längst zerbrochen an euren Forderungen, ihr Frommen!

Was ich bei dem alten Dichter fand, hat mir eine tiefe Dunkelheit gezeigt. Aber mitten in der Nacht wies er mir ein Licht und sagte: „Da ist Gott!" Mehr nicht. Und damals habe ich verstanden, dass die Dunkelheit in mir ist. Also ist auch das Licht in mir.

„Gott ist dein Richter nicht, du musst dir selbst verzeihn, Sonst an des Höchsten Thron stehst du in ew'ger Pein …"

So stand ich immer wieder auf von meiner Krankheit, stand vom Totenbett des kleinen Ferdinand auf, griff nach dem Schreibzeug und schrieb für Levin, schrieb mit Levin, schrieb und schrieb, bis an einem warmen Sommerabend vor dem Haus Pferde hielten und Hermann die Kutschentür aufriss. Ich stolperte die Treppe hinunter und wäre fast noch über den Hund gefallen, der gemeinsam mit mir ins Freie stürzte.

Jenny war da!

Wir brauchten nur eine Nacht, um alles zu verabreden. Am Morgen schon jagte Jenny Mamsell Bücker mit einem gut verschlossenen Brief nach Münster, von wo die Extrapost nach Süden aufbrach. Mehr Zeit hätten wir auch nicht gehabt, denn schon an diesem Tag bekamen die Kinder Fieber. Die Mutter betrachtete angstvoll den Ausschlag. Wir hofften noch, es sei eine Reizung der Haut, hervorgerufen durch die lange Reise. Aber Hildegunde und Hildegard hatten die Blattern, weinten kläglich, jammerten Tag und Nacht, brauchten viel Tee, viel süßen Brei, damit sie überhaupt etwas zu sich nahmen, und verwandelten sich dabei in hässliche kleine Gnome mit verquollenen Augen.

Die Ärzte zuckten die Achseln. Das waren eben Kinderkrankheiten, und nur die Starken überlebten. Aber Bönninghausen machte uns Mut: Er hielt die Mädchen trotz ihrer körperlichen Zartheit für widerstandsfähig genug. Ich schrie in Todesangst zu Gott – war nicht gerade der kleine Ferdinand gestorben? – , dass uns nicht auch noch diese Kinder sterben sollten.

Gott hat uns erhört. Sicherlich hat ihn eher das fromme Beten und Bangen der guten Mutter erweicht als mein verzweifeltes Flehen, denn ich bat ja nicht ganz uneigennützig. Mir schien alles, was wir planten und hofften, gefährdet, wenn wir nicht in Freude, sondern in tiefer Trauer an den Bodensee reisen müssten.

Jenny wurde immer blasser von den Nachtwachen (selbst wenn ich an ihrer Stelle bei den Kinderbettchen saß, fuhr sie bei dem kleinsten Geräusch hoch). Aber bei aller Sorge um ihre Kinder wartete sie ebenso ungeduldig wie ich darauf, was Laßberg schreiben würde. Der alte Herr antwortete schnell, sauber, sachlich. Ein

Vertrag lag dem Brief bei, den wir vor dir, liebe Mama, gut verstecken mussten. Er war klar abgefasst, die Bedingungen so günstig, wie es sich ein mittelloser junger Mann nur wünschen konnte. Mir wurde ganz schwindlig vor bangem Glück, als ich das Papier in den Händen hielt: Ich musste nicht allein nach Süden reisen!

Der alte Laßberg! Er ist ein zutiefst gutmütiger Mensch, wenn auch in seinen Ansichten so verstaubt, dass ich immer husten musste, sobald wir ins Gespräch kamen. Natürlich schätzt er meine Gedichte nicht, denn sie haben in seinen Augen den großen Nachteil, dass sie aus unserem Jahrhundert stammen. Ihn interessiert nur, was mindestens fünfhundert Jahre alt ist. Und eine Sprache, die jeder halbwegs gebildete Mensch versteht, kann für ihn keine Literatur sein. In seinem Kopf flöten die Gedanken mittelhochdeutsch:

„Uns ist in alten maeren wunders vil geseit
von helden lobebaeren, von grôzer arebeit,
von freuden, hôchgezîten, von weinen und von klagen,
von küener recken strîten muget ir nu wunder hoeren sagen …"
– dabei bekommt er leuchtende Augen und sein Bart bebt vor Glück.

Einen Liebesgott stellt man sich gewöhnlich anders vor, aber es war ja auch ein seltsames Paar, das Laßberg durch seine Herzensgüte zusammenführen sollte: ein altes, schon fast verschrumpeltes Fräulein und ein junger Geck mit großen Plänen für seine literarische Zukunft. Lieber, guter Laßberg-Amor, wir passten trotz allem zusammen!

Die schlimme Krankheit der Kinder brachte uns in Rüschhaus um die von Jenny erhoffte, von mir heimlich gefürchtete Flut von Besuchern. Zwar hatte die vielköpfige Verwandtschaft schon lange darauf gewartet, jene westfälisch-schwäbischen Wechselbälger zu begutachten, die man ihr bisher vorenthalten hatte. Die Angst vor der Ansteckung aber war größer als die Neugier.

Natürlich hatte man gleich gewusst, dass solche Gewächse schwächlich sein mussten, den Unbilden des westfälischen Klimas nicht gewachsen … Wahrscheinlich tuschelten sie schon etwas von trauriger Rückkehr und dass es eben besser gewesen wäre, im Lande zu bleiben. Aber für Jenny und mich war das mangelnde Mitgefühl nur ein Grund mehr, wie zwei wütende Löwinnen um das Leben ihrer Jungen zu kämpfen. Wir kämpften nicht nur um die zwei kleinen Engel, wir kämpften um das Recht zu lieben, wen wir wollten, zu leben, wo wir wollten; wir kämpften in diesen feucht-kalten Spätsommerwochen um unsere Zukunft und um unsere Hoffnung.

Gundel war die Erste, die nachts ruhig schlief, deren Ausschlag heilte, so dass die reine Schönheit ihres Gesichtes wieder erkennbar wurde. Hildel brauchte etwas länger, schlug aber auch eines Morgens die Augen auf und lachte mich so strahlend an, dass mir das Herz einen Satz machte vor Freude.

In den darauf folgenden Nächten hätten wir nun ruhig schlafen können, aber da begann mein Leiden. Es näherte sich die Zeit der Tag- und Nachtgleiche, der 21. September. Ich hatte mich schon so sehr daran gewöhnt, in diesen Wochen erbärmlich zu husten und nach Luft zu schnappen, dass es mich gar nicht wunderte, als es eines Nachts wieder losging.

Jenny stand plötzlich mit weit aufgerissenen Augen an meinem Bett.

„Nette, Nette, hör auf! Das ist ja schrecklich!"

Ich konnte sie kaum beruhigen, da begann ein neuer Anfall, und sie rannte weinend aus dem Zimmer. Am Morgen sah sie mich voller Sorge an.

„Nette, du brauchst wirklich ein anderes Klima!"

Es war ein klarer Tag. Wir gingen mit den Kindern in den Garten, wo die Bettwäsche an der Leine flatterte, wie fast täglich in den letzten Wochen. Auf dem Dach sammelten sich Stare zum Flug nach Süden.

Jenny zeigte nach oben: „Also – wir reisen ...“

„Ja“, sagte ich und drückte ganz fest ihre Hand. Am liebsten hätte ich sie wie ein kleines Mädchen umarmt. „Ja, wir reisen!“

Am Nachmittag waren wir wieder draußen, als Levin von der Allee hereinkam. Die Kinder sprangen ihm fröhlich entgegen, denn auch er hatte – ohne Angst vor einer Ansteckung – viele Stunden an ihren Bettchen gesessen, und sie liebten ihn für die spannenden Geschichten, die er ihnen erzählt hatte. Jenny lächelte ihm aufmunternd zu.

„Packen Sie Ihre Koffer, Herr Schücking. In zwei Wochen reisen wir ...“

„Aber er darf doch nicht gleich ...“, stotterte ich.

Jenny zuckte die Achseln.

„Aber warten Sie nicht zu lange. Mein Mann braucht dringend seinen Bibliothekar.“

Levin verbeugte sich tief und küsste Jennys Hand, ohne ein Wort zu sagen. Ich sah ihn von der Seite an. Sein Kindergesicht war männlicher geworden, gleichwohl zeigte es immer noch den sanften Ausdruck, den ich an meinem Vater so geliebt hatte.

Glücklicherweise blieb wenig Zeit zum Abschiednehmen. Die Krankheit der Kinder diente mir als Entschuldigung überall da, wo ich nicht mehr hingehen wollte. Ich richtete jedem so liebe Grüße aus, dass es für mehrere Abreisen gereicht hätte, wären die Grüße nur auch weitergegeben worden. Nur einmal musste ich noch nach Münster.

Die Felder waren abgeerntet, die Wege trocken. Ich erreichte die Stadt ohne Schwierigkeiten und ging den Weg, der mir seit meiner Kindheit vertraut war: vom Krummen Timpen, wo früher einmal unser Stadthaus gestanden hatte, an der Überwasser-Kirche vorbei zum Markt. Wie immer packte mich ein leises Grauen bei dem

Gedanken an die Protestanten, die Bilderstürmer, die schrecklichen Täufer. Uralte Geschichten schwappten wie dunkles Wasser in mir hoch und der Atem stockte mir bei der Vorstellung, dass ich von hier fortgehen wollte. Konnte ich das wirklich?

Ich sah, während sich die Marktfrauen an mir vorbeidrängten, wie an der Kirche zerlumpte Männer am hellen Mittag Heiligenfiguren fortschleppten, wie die tapfere Äbtissin als Magd verkleidet bei Nacht davonschlich, bevor der Zorn des rechtmäßigen Bischofs den ganzen Wiedertäufer-Spuk hinwegfegte. Auf dem Kirchhof suchte ich – ohne recht zu wissen, warum – den Abdruck des Teufels, der in seiner Wut über den gelungenen herrlichen Kirchenbau hier aufgestampft hatte. (So war doch einmal deutlich geworden, dass der Böse in dieser Welt nicht alles vermochte.) Ich war dankbar für diese Geschichte, für alle Geschichten, die mich begleiteten – vor langer Zeit in die Tiefe der Kinderseele gesenkt, wo sie zwischen Nixenträumen weiterlebten.

Auch wenn ich fortging – die Geschichten gingen mit.

So kam ich in die Stadt hinein, und in meiner Kurzsichtigkeit schien es mir, als schauten alle Giebel mit weit aufgerissenen oder halb geschlossenen Augen auf mich herab. Ich war sicher, sie folgten mir mit ihren Blicken und hinter ihren Stirnen wurde geredet und geklatscht:

„Jetzt ist sie bei ihrer Schwester am Bodensee. Aber weißt du, wer auch dort ist?"

„Wie kann man nur! Als alte Frau! Und schön, nein schön ist sie nun wirklich nicht. Alles, was sie kann, ist seltsame Verse schreiben, die niemand versteht. Überall werden sie gedruckt, als sei das wer weiß was …"

Kein Giebel ist wie der andere; der eine elegant, schlank und hochmütig, der andere breit, bieder, wuchtig. Manche sind gelockt, als wären sie beim Friseur gewesen, manche kalt und streng, blicken hochnäsig auf mich herab. Wenn ich es wage, den Blick zu heben, begegnet mir Herablassung oder leiser Spott. Ich muss zwischen den Giebeln meinen Weg suchen und bin froh, wenn sich endlich eine freundliche Tür öffnet und ich zu einem Gespräch in den Salon gezogen werde. Zum Abschied drückt mir hier und da jemand warm die Hand.

Leider fängt es am Nachmittag schon wieder an zu regnen. Ich nehme mit einer Gästekammer vorlieb und trete früh am Morgen den Rückweg an. Der Boden ist aufgeweicht, ich habe Mühe zu gehen. Die Giebel sehen mir spöttisch nach.

„Ob die wohl wiederkommt?"

Ja, die kommt wieder!

Dann packen wir. Du bist aus Hülshoff herübergekommen, liebe Mama, zufrieden, dass ich nun doch reise, wenn auch nicht mit dir. Stattdessen wirst du wieder das Regiment in Rüschhaus übernehmen. Die Dienstboten machen hinter deinem Rücken lange Gesichter. Ich habe es wohl nicht so genau genommen mit der Kontrolle ihrer Arbeit. Auch meine liebe Alte muss ich dir überlassen. Du wirst sie gut behandeln, aber wirst du ihr auch die vertrauten Geschichten erzählen, die sie immer wieder so gerne hört?

Du hilfst mir beim Einpacken meiner Kleider. Manches hält deinem kritischen Blick nicht stand und verschwindet im Lumpensack. Die elegante Garderobe aus Bonn passt mir nicht mehr. Ich bin zu dick geworden. Ganz schnell wird noch ein Rock genäht. Ich hätte besser auf meine Kleidung achten sollen, ich weiß. Aber ich bin mit dem Einpacken ganz anderer Schätze beschäftigt: die Uhren, die Steine, die Münzen. Du meinst zwar, es sei völlig überflüssig, westfälische Versteinerungen an den Bodensee zu schleppen, und Goldmünzen gebe es dort auch genug. Aber was soll ich meinen Gästen zeigen, wenn nicht diese Kostbarkeiten? Andere habe ich nicht – oder sie eignen sich nicht zum Vorzeigen wie etwa die vielen, vielen vollgeschriebenen Blätter.

„Willst du das alles einpacken?"

„Ja, Mama."

„Aber wer interessiert sich dafür?"

„Laßberg vielleicht ..."

Ich darf nichts sagen, nein, ich darf nichts sagen. Ich will mir auch nicht vorstellen, was für ein Gesicht du machst, wenn du es erfährst.

„... und Laßbergs Freunde. Er hat doch immer viele kluge Männer um sich."

„Na hoffentlich", sagst du mit leisem Seufzen.

Du möchtest gern, dass ich Erfolg habe. Du weißt aber auch: Die Verse einer Frau können gar nicht so gut sein wie die eines Mannes. Das ist verbürgt, katholisch und wissenschaftlich begründet. Die wenigen Freunde, die sich für meine Gedichte begeistern, müssen sich irren. Und die Verleger, die sie drucken, verstehen offensichtlich nichts von Literatur ...

Ich nehme den Stapel Papier, stopfe ihn ganz unten in den Koffer. Er reist mit der normalen Post und wird lange nach mir ankommen.

Werner hat uns die Kutsche von Hülshoff herübergeschickt, und wir beladen sie mit Decken und Taschen. Dazwischen hüpfen die Kinder aufgeregt herum. Die Koffer mit dem Nötigsten für die Reise sind schon verstaut, die Pferde schnauben unruhig, weil sie wohl spüren, wie die Last auf dem Wagen immer schwerer wird. Da habe ich auf einmal das Gefühl, dass irgendetwas an mir zerrt. Ich sehe mich um. Es ist nicht der Hund, auch nicht die Amme, die nur still und traurig am Herd sitzt. Es ist etwas Unsichtbares, aber es hat eine furchtbare Gewalt.

„Was ist mit dir, Nette?", fragt Jenny besorgt. Sie sieht wohl, wie bleich ich geworden bin. Ich schnappe nach Luft.

„Nichts, Jenny, nichts. Es ist nur – es sind die Geister aus den Wassergräben. Sie wollen mich festhalten."

Gundel und Hildel klettern schon in die Kutsche, sitzen an den Fenstern einander gegenüber.

„Tannette! Tannette!", rufen sie.

Mir geht der Atem so schwer.

„Ich kann nicht, Jenny."

„Willst du etwa hierbleiben?"

„Nein! Aber ich kann nicht."

„Du wirst mich doch nicht allein fahren lassen. Und Schücking ist schon unterwegs …"

„Ja, Jenny, ich weiß."

Es gelingt mir. Ich zerreiße die unsichtbaren Fesseln. Du, Mama, stehst mit starrem Gesicht neben dem Wagen. Der Kutscher lässt die Peitsche knallen, der Hund bellt, alle drängen sich heran und winken, auch die Amme kommt herausgeschlurft. In der Morgensonne rattert der Wagen die Allee hinunter und biegt dann in die Straße nach Münster ein. Ich stelle mir vor, dass du dich jetzt umdrehst, in die Küche gehst und Anweisungen für das Mittagessen gibst.

Kein Wort, und wär es scharf wie Stahles Klinge,
Soll trennen, was in tausend Fäden eins,
So mächtig kein Gedanke, dass er dringe
Vergällend in den Becher reinen Weins;
Das Leben ist so kurz, das Glück so selten,
So großes Kleinod, einmal sein statt gelten!

...

Blick in mein Auge – ist es nicht das deine,
Ist nicht mein Zürnen selber deinem gleich?
Du lächelst – und dein Lächeln ist das meine,
An gleicher Lust und gleichem Sinnen reich;
Worüber alle Lippen freundlich scherzen,
Wir fühlen heil'ger es im eignen Herzen.

„An Levin Schücking" (1841/42)

7. Kapitel: Meersburg

Einmal am Tag ging ich an der Post in der Oberstadt vorbei. Dabei wusste ich doch, dass er den Weg auch allein finden würde. Aber ich musterte jede Gestalt, die mir in der Nähe der Station begegnete. Aus einiger Entfernung hätte für meine schlechten Augen dieser Mann – oder jener? – Levin sein können.

Anfangs hatte ich nicht viel Zeit spazieren zu gehen, weil in den ersten Tagen nach unserer Ankunft natürlich halb Meersburg und die Bewohner aller umliegenden Herrensitze und Schlösser herbeieilten, um die Kinder zu liebkosen, Jenny zu umarmen und mich freundlich erstaunt zu mustern.

„Meine Schwester!"

Nein, ich sehe nicht so aus, als sei ich mit Jenny verwandt. Aber die Besucher gaben sich zufrieden, wenn wir beide das übereinstimmend behaupteten. Sie nahmen in Kauf, dass ich klein und breit bin, während Jenny immer noch schlank und feenhaft zart ist. Sie stießen sich auch nicht an meinem schwarzen Kleid, das mir unter der südlicheren Sonne noch ausgeblichener erschien als in Westfalen. Ich vermute, sie haben sich mitleidig vorgenommen, mich fremden nördlichen Vogel ein wenig unter ihre alteingesessenen Fittiche zu nehmen, damit mir der Atem leichter gehe.

Erstaunlicherweise schaffte ich es jedoch schon sehr bald, die zahllosen Stufen zum See hinunter, zur Burg hinauf, ins Turmzimmer und vom Turmzimmer in die Bibliothek, zu den Wohnräumen nach oben und auf die Terrasse hinunter zu steigen, manchmal zu stolpern – ohne dass mir der Atem still stand. Wenn ich zwischen Rüschhaus und Hülshoff auf ebenem Weg kaum zehn Minuten gehen konnte, ohne zu keuchen, so schaffte ich hier bald zweimal am Tag den Weg zum See und wieder zurück.

Jenny freute sich, Laßberg freute sich, und die Mädchen wussten gar nicht, dass es auch anders sein könnte.

Sie zerrten an meinen Händen: „Tannette, Tannette, wir gehen zum See" und verzogen drollig die kleinen Gesichter, wenn ich sagte: „Jetzt nicht!" oder „Wartet noch ein bisschen. Ich muss eurer Mama erst helfen."

Es war vom ersten Tag an ein fürstliches Leben. Ich genoss durch meine Schwester alle Vorteile einer reich verheirateten Frau und musste mich doch nicht nachts zu einem greisen Ehemann ins Bett legen. Stattdessen wartete ich. Und die Erwartung ließ meinem Herzen Flügel wachsen.

Der Koffer mit den Manuskripten war noch nicht angekommen. Ich schrieb nichts. Ich wartete. Ich schrieb auch keinen Brief, dachte mir nur schon die Ausreden aus, mit denen ich meine Freunde in Münster über das lange Ausbleiben einer Nachricht trösten wollte. Dafür stand ich am Fenster des Turms und sah nicht auf die Dächer der kleinen Stadt, nicht auf die emsig durch die Straßen eilenden Menschen, nicht auf den blau verklärten See. Ich sah am Turm der Stadtkirche vorbei nach Norden und bildete mir ein, zwischen den Weinbergen die Straße zu erkennen, auf der Straße den Postwagen … Schneller, dachte ich, schneller!

Er kam spät am Abend. Sultan schlug an. Der Hund hat ihm auch später nie verziehen, dass er nicht der böse nächtliche Räuber war, den er hätte beißen dürfen – fühlte sich das schwarze Untier doch verpflichtet, jeden Fremden zu verjagen, und musste immer wieder erleben, wie vermeintliche Diebe und Mörder vom Hausherrn aufs freundlichste begrüßt wurden. So auch dieser, der da in der stürmischen Oktobernacht ans Tor klopfte und vom Pförtner hereingelassen wurde. Der gute Alte konnte – im Unterschied zum Hund – zwischen erwarteten Gästen und unerwünschten Besuchern unterscheiden und führte den Jungen gleich ins Wohnzimmer im ersten Stock.

Hätte der Hund nicht so heftig gebellt, wäre mir Levins Ankunft vielleicht entgangen, denn ich habe – wie so oft – faul auf dem Bett gelegen, den Kopf voller romantischer Liebesgeschichten. Aber die

Unruhe am Tor weckte mich aus meinen Träumen. Ich riss das Fenster auf, doch draußen war nur die Nacht, die ihren dunklen Mantel über den See breitete. Es blieb mir nichts anderes übrig, als über Stufen und Gänge hinabzukeuchen.

Schwer atmend stand ich in der Tür des Wohnzimmers, als Levin sich gerade tief vor Jenny verbeugte. Höflich, gewandt, wie ich meinen jungen Gecken kannte, fand er warme Dankesworte für seine Gastgeber. Laßberg zwinkerte mir zu und hinkte dann zurück an den Tisch, wo er wie jeden Abend mit seinem Freund Hufschmidt vor dem Spielbrett saß und eine Partie Puff spielte. Jenny ging hinaus, um Levins Gepäck in sein Zimmer bringen zu lassen und eine warme Suppe vorzubereiten.

Da standen wir nun – zweihundert Stunden Reise von Rüschhaus entfernt. Lachend kam der Junge auf mich zu, beugte sich ganz ungeniert zu mir herab und küsste mich auf die Stirn.

„Da bin ich, Mütterchen!"

Und ich wagte nicht, ihn zu umarmen …

Nun schrieb ich dir, liebe Mama, auch endlich einen Brief, so lang und ausführlich, wie du das von mir erwartet hast. Unter vielen Banalitäten, zwischen allerlei unbedeutenden Beschreibungen von Personen und Umständen versteckte ich, was ich dir sagen musste und nicht zu sagen wagte.

„Soeben sagt mir Jenny, dass ich dir schreiben solle, dass …"

Der Satz hat sich die Zeile entlang gewunden wie eine Ringelnatter über spitzes Gestein. Am Ende stand aber schließlich doch klar und sehr eindeutig, nicht zu übersehen, nicht zu überlesen: „… dass Schücking hier ist."

Und dann kam die Lüge.

„Laßberg ist ganz von selbst auf den Einfall gekommen …", eingebettet in die Federkissen ausschweifender Erklärungen, um glaubwürdig zu machen, was ich selber nicht glaubte. Am Ende unterschrieb ich wie immer mit „deine gehorsame Tochter Nette" – vielleicht die schlimmste Lüge, Mama. Verzeih mir!

Der Brief reiste mit der Schnellpost ab, ich hätte ihn gern der Schneckenpost anvertraut. Und die Antwort kam schneller als erwartet. Ich war einer Ohnmacht nahe, als ich das Kuvert in Händen hielt. Jenny musste es öffnen.

Da lasen wir, dass die kleine Anna plötzlich gestorben war. Schon wieder ein Kind meines Bruders: keck, mit rundem Gesicht und blitzenden blauen Augen! Beim Abschied in Hülshoff hatte Anna noch lachend ihre Ärmchen um meinen Hals gelegt: „Wenn ich groß bin, reise ich auch, Tante Nette!", und immer wieder „Gute Reise! Gute Reise!" hinter uns her gekräht.

Wir lasen weiter von Hochzeiten, Skandalen, Todesfällen in der weitläufigen Verwandtschaft, dass meine Alte mich grüßen ließ und dass die Bornstedt schon überall erzählt hatte: „Schücking ist auch in Meersburg!"

„Wie mag diese Sache wohl aussehen? Ich fürchte wie ein verabredetes Rendezvous; das wäre doch traurig."

Deine Worte brannten wie Flammenschrift in meiner Seele. Ich lief die Treppe hoch in mein Zimmer, lief die Treppe hinunter durch Flure und Gänge, fand Levin zwischen Laßbergs Büchern und fiel erschöpft auf einen Stuhl.

Die Bornstedt!

„Na und?", sagte der Junge.

„Na und? Sie erzählt es allen. Und ich weiß, wie sie es erzählt."

„Das ist doch blanker Neid, Mütterchen. Ihr Bräutigam in der Schweiz lässt nichts mehr von sich hören."

„Aber meine Mutter! Mein Bruder!" ·

„Mütterchen, es ist dein Leben! Warum lässt du die anderen darüber bestimmen? Wirf doch ab, was sie dir aufzwingen. Du bist frei, Mütterchen, frei, wie jeder Mensch auf Gottes schöner Erde!"

Liebevoll strichen seine Hände über die Bücher, die sich rechts und links neben ihm stapelten. Ich starrte auf die ledernen Einbände. Es wäre mir wohl lieber gewesen, er hätte mich gestreichelt. Aber ich hätte es natürlich nie zugelassen …

„Nein, Levin, ich bin nicht frei. Keiner von uns ist frei. Der Käfig ist vielleicht aus Gold, aber wir sind darin eingeschlossen. Wo sollen wir unser Brot finden, wenn nicht im Käfig? Sollen wir betteln gehen?"

Ja, Mama, so habe ich Levin geantwortet. Ich war ungehorsam, ich habe dich belogen, aber ich wusste, dass ich ungehorsam war und nicht lügen durfte. Ich saß auf der geöffneten Tür vor dem Käfig, habe mit den Flügeln geschlagen und voller Sehnsucht gesungen. Aber ich bin nicht weggeflogen, nein, nie.

Und wenn der Junge nach Süden auf die Alpen zeigte und sagte: „Mütterchen, da ist Italien, da wollen wir hin", dann habe ich traurig meinen Kopf geschüttelt.

„Was sollen wir in Italien?"

Nein, ich hatte mich schon weit genug von dir entfernt.

In einer Nacht sah ich plötzlich am Fenster des Zimmers ein Bett stehen. Draußen pfiff der Sturm, sein Rütteln hatte mich wohl geweckt. Ich hörte das Ächzen der Bäume, und auch die alten Mauern schienen zu wimmern unter der Gewalt, mit der er sich gegen sie warf.

Über dem Bett, das da stand, blähte sich eine Gardine. Ich hörte ein Stöhnen, das mir ins Herz schnitt, starrte hinüber und – die Kissen bewegten sich. Gleich, gleich würde sich eine Gestalt dort erheben! Schon sah ich die Rüschenhaube. Da krachte ein Ast gegen die Mauer, und der Spuk verschwand.

Ich saß aufrecht im Bett, allein. Aber ein solches Grauen hatte mich gepackt, dass ich aufstehen, das Fenster öffnen und die schweißbedeckte Stirn im Wind kühlen musste. Der Sturm ergriff seine Chance, stürzte ins Zimmer und riss ein Bild von der Wand. Mit Mühe schloss ich das Fenster und drückte den Rücken dagegen.

Die Rüschenhaube, Mama – es schien mir, es sei deine gewesen.

Ich versuchte zu beten. Aber nichts kam mir in den Sinn. Nur der Abgrund meiner Schuld lag vor mir, der Weg ins Verderben war vorgezeichnet, die züngelnden Schlangen der Verzweiflung krochen aus allen Richtungen auf mich zu.

Mama, versteh doch!

Ich war mir sicher, Gott würde mich bestrafen. Du warst schon vor unserer Abreise krank gewesen, gereizt, angegriffen. Der gerade verschmerzte Tod deines Bruders, nun wieder der Tod des Kindes und dazu der Ungehorsam deiner Tochter: Woher solltest du noch die Kraft nehmen, um weiterzuleben? Ich hatte, so schien es mir, dein Sterbebett gesehen.

So sehr ich auch zu Gott schrie, nur der schrecklichste Richterspruch war meine Antwort: „Du hast deine Mutter ermordet. Geh hin – ich kenne dich nicht mehr."

Vor dem Altar in der Kapelle kniete ich im Morgengrauen mit aufgelöstem Haar und nur halb zugeknöpftem Kleid: „Erbarme dich, Herr! Strafe nicht sie! Strafe mich!"

Und in meinem Zimmer lauschte ich auf die Türen, die schlugen, auf Schritte, die heraufkamen, auf einen Brief, eine Nachricht, der schrecklichsten, die ich mir vorstellen konnte: „Deine Mutter ist tot, gestorben aus Gram. Du hast das treue Mutterherz zerbrochen. Du bist schuldig – schuldig – schuldig ..."

In diesen Wochen habe ich Briefe gefürchtet wie die Verdammnis. Nur eins fürchtete ich noch mehr: dass die fürsorgliche Jenny mir verschweigen könnte, was Gott in seinem Zorn als Strafe über die ungehorsame Tochter verhängt hatte. Und jeden Morgen lauerte ich wie der Jäger auf das Wild, wenn ich schwere Schritte im Gang hörte.

Als der Brief dann kam, habe ich mich gerade mit meiner Toilette beschäftigt. Der Pförtner war von mir so oft ermahnt worden, mir jeden Brief aus Münster sofort zuzustellen, dass er ohne Scheu an die Tür klopfte und das Kuvert durch den Spalt schob. Mir glitt der Kamm aus den Händen, im Spiegel sah ich mein bleiches Gesicht mit vor Schreck weit aufgerissenen Augen.

Beim Öffnen hätte ich den Brief fast zerrissen, obwohl es schon in meinem Kopf hämmerte: Sie lebt! Sie lebt! – denn es war unzweifelhaft deine Handschrift, Mama, die „von Laßberg" und „Meersburg" auf das Kuvert gesetzt hatte.

Du konntest nicht ahnen, was dieser harmlos freundliche Brief mit den zahllosen Nachrichten über völlig unbedeutende Einzelheiten deiner ungehorsamen Tochter bedeutet hat. Es war wie ein Freispruch. Die Richter erhoben sich und verließen den Saal. Beim Hinausgehen sah der letzte sich noch einmal um – trug er nicht Papas Züge? – und blinzelte mir verstohlen zu.

Ich riss das Fenster weit auf und konnte nicht anders als – jubeln!

Es kamen auch später nur freundlich besorgte Briefe von dir, liebe Mama, und von den Freunden in Münster, höchstens einmal gewürzt mit Fragen, was denn wohl aus Schücking nach seiner „Flucht" geworden sei.

Ich schlief wieder ruhig, atmete freier und begann, mich auf jeden neuen Tag zu freuen.

Wenn ich mich morgens im Bett räkelte, dachte ich daran, dass mir vielleicht schon auf der Treppe Levin mit einem frohen Gruß begegnen würde. Gemeinsam würden wir ein spätes Frühstück einnehmen, und nach dem Mittagessen trete ich den vom Arzt streng verordneten Spaziergang an, um ein Stück entfernt von der Burg, wo die Straße nach Haltenau abzweigt, auf mein kleines Pferdchen zu warten.

Laßberg weiß, dass sein Bibliothekar auch einmal am Tag frische Luft braucht. Er nimmt es ihm nicht übel, wenn er die Bücher für ein paar Stunden sich selbst überlässt. Und so kommt er die Treppe heruntergetrabt, ist unversehens an meiner Seite, wir schreiten aus und lassen die Häuser hinter uns. Am Fuße der farbentrunkenen Weinberge führt uns der Weg ins Weite.

Wir wandern am Ufer entlang. Kleine Wellen werfen uns Kostbarkeiten vor die Füße. Ständig muss ich mich bücken, damit mir auch nichts entgeht.

„Lass es liegen, Mütterchen, es ist nur eine zerbrochene Muschel."

„Aber was für eine?"

Ich habe das Stück schon in der Hand und halte es dicht vor meine Augen. Er hat Recht – und es fliegt wieder hinaus in den See. Da haben die Wellen ihr Spielzeug zurück, und hämisch glucksend werden sie es mir vielleicht an der nächsten Biegung des Ufers wieder zutragen, wie treue Hunde das tun: So bleibe ich in Bewegung.

„Lass es liegen, Mütterchen, es ist nur eine zerbrochene Muschel."

„Wer weiß, Pferdchen! Du sollst das Kleine nicht verachten!"

Er kann ja auch weit sehen. Ihm entgeht kein Boot, das draußen auf dem See schaukelt. Er kann den Flug der Vögel verfolgen. Aber mir hat Gott die kleine Welt geschenkt: die Linien in Muschelschalen eingraviert, die farbig getünchten Schneckenhäuser im Weinberg, glitzernde Kiesel, die den Himmel von Jahrtausenden spiegeln.

Seine Taschen sind schon wieder voll. Aber Frauenkleider haben keine Taschen.

„Mütterchen, es passt nichts mehr hinein."

„Ach, du bist faul geworden, altes Pferdchen, ich habe es ja immer gewusst. Erzähl mir dann eben, was du heute früh im Morgenblatt gelesen hast. Stand etwas von dem großen Schriftsteller Levin Schücking darin? Eine begeisterte Rezension?"

„Nein, nichts", murmelt er missvergnügt vor sich hin, „nur Uhland, immer Uhland. Nicht einmal von Freiligrath steht etwas in der Zeitung. Aber was das Allerschlimmste ist …"

Er bleibt stehen und hebt anklagend die Arme zum Himmel.

„… das Fräulein von Droste wird auch nicht erwähnt."

„Ach, kennst du die?"

„Ja, ich habe von ihr gehört. Sie soll so gewaltig gebildet und so entsetzlich kritisch sein, dass alle jungen Dichter sich vor ihr fürchten wie vor der alten römischen Sibylle und ihren Orakeln. Nur müsste man von dieser Dame auch mal wieder etwas lesen."

„Wozu?"

Mit einer Handbewegung werfe ich alle Gedichte, die ich geschrieben habe, und alle, die ich noch schreiben werde, in den See.

„Vielleicht ist sie zufrieden, auch ohne gedruckt zu werden."

Er wiegt zweifelnd den Kopf.

„Vielleicht heute, aber morgen?"

„Morgen auch noch, wenn sie mit ihrem kleinen Pferdchen am See entlangtraben kann."

„Und übermorgen?"

„Übermorgen – wird sie einen neuen Band Gedichte herausgeben."

„Kaum möglich, Mütterchen, kaum möglich. Um ein gutes Gedicht zu schreiben, braucht ein Dichter mindestens einen Monat. Das Fräulein von Droste aber braucht mindestens zwei ..."

„Was du nicht sagst!"

Am nächsten Morgen in der Bibliothek hält er mir weiter Vorträge. Wie schön er sich ausdrücken kann, der brave Junge!

„Ein Gedicht entsteht in der Tiefe der Seele wie auf dem Grund des Wassers, und der Weg ist weit, bis es sich zu Versen formt und in Reime fügt, auftaucht aus dem Dunkeln und unter der Sonne erblüht. Ein Gedicht, mein Mütterchen, das weißt du, folgt nicht unserem Wollen. Es will wie ein Kind erwartet, gepflegt, getragen sein."

„Rede weiter! Du bist ein kluger Junge."

„Darum wird das Fräulein von Droste noch Jahre brauchen, ehe ein neues Bändchen Gedichte vor der atemlos staunenden Öffentlichkeit erscheint."

„Noch Jahre?"

Ich sehe mich plötzlich von innen. Und ich sehe, dass ich mit Gedichten angefüllt bin. Wo andere Herz, Lunge, Leber haben, da sitzen bei mir Gedichte. Die Adern sind ersetzt durch Verse, das Blut singt. Mich packt der Übermut.

„Ich wette ..."

„Du wettest? Aber, Mütterchen, ist das denn standesgemäß?"

„Mein lieber Levin: Ich wette! Jeden Tag schreibe ich ein Gedicht."

„Mütterchen, das schaffst du nicht."

„Ich schaffe es."

Dann lasse ich ihn zwischen seinen Büchern sitzen und laufe in mein Zimmer.

Levin ruft hinter mir her: „Warte, Mütterchen, warte! Du wirst fallen."

Aber ich falle nicht. Ich laufe an den verwunderten Dienstboten vorbei durch die Gänge und steige in mein Turmzimmer.

Bis zum Nachmittag saß ich am Tisch und schrieb, strich durch, schrieb weiter. Als ich zum Tee hinunterkam, sahen mich alle erwartungsvoll an. Ich hatte mich natürlich verspätet und Levin dadurch gezwungen, die anderen über meine Absicht aufzuklären. Ihm war beklommen zumute, das sah ich ihm an. Auch Jenny schien voller Sorge. Sie wollte wohl gerade etwas sagen wie: „Geht es dir auch gut, Nette?" – „Übernimm dich nicht, Nette!", da sprudelte es aus mir heraus: „Ich schaffe es, ich verspreche euch jeden Tag ein Gedicht. Hier ist das erste!"

Sie starrten mich mit offenen Mündern an, bis Laßberg sich über den Bart strich, zufrieden nickte und murmelte: „Na hoffentlich ist es nicht zu modern."

Dann stand er auf und entschuldigte sich.

„Lies vor!", forderte Jenny mich auf. Ihr war Laßbergs Verhalten peinlich, aber ich war froh, mit Levin und meiner Schwester allein zu sein. Ich las:

„Über Gelände, matt gedehnt,

Hat Nebelrauch sich wimmelnd gelegt,

Müde, müde die Luft am Strand stöhnt,

Wie ein Ross, das den schlafenden Reiter trägt;

Im Fischerhause kein Lämpchen brennt,
Im öden Turme kein Heimchen schrillt,
Nur langsam rollend der Pulsschlag schwillt
In dem zitternden Element.
Ich hör es wühlen am feuchten Strand ..."

Oft sind wir auf dem Rückweg vom See im Gasthaus eingekehrt,
haben zwischen den Weinstöcken gesessen und hinausgeträumt
übers Wasser, wo die Enten sich wiegen ließen: auf und ab, ab und
auf. Die Trauben glühten in den letzten Strahlen der Sonne,
herbstliche Kühle stieg vom Wasser auf.

Als die Alpengipfel einmal aufleuchteten und Levin in stiller
Ergriffenheit meine Hand drückte, wurde mir so weh, als sollte ich
mit dem Licht dieses Tages schon verglühen. Dem Jungen aber
strahlte Glück aus den Augen, er war schön wie ein junger Gott,
und ich liebte ihn, dass mir mein armes Herz fast auseinander-
brach.

Da kam der kleine, emsige Wirt eilig um die Ecke, wedelte seine
Serviette durch die Luft und fragte mit piepsiger Stimme nach
unseren Wünschen.

„Hast du Papier?", fragte ich Levin.

Ein Gedicht war in meinem Kopf, wie von selbst reihte sich Vers
an Vers. Levin zog ein Zettelchen heraus, halb schon vollgekritzelt,
und irgendwo in seinen Taschen fand er einen Stift.

„Ist's nicht ein heitrer Ort, mein junger Freund,
Das kleine Haus, das schier vom Hange gleitet,
Wo so possierlich uns der Wirt erscheint,
So übermächtig sich die Landschaft breitet;
Wo uns ergötzt im neckischen Kontrast
Das Wurzelmännchen mit verschmitzter Miene,
Das wie ein Aal sich schlingt und kugelt fast,
Im Angesicht der stolzen Alpenbühne?"

Später las ich Jenny und Levin das Gedicht vor, alle Strophen. Als ich fertig war, klatschte meine Schwester begeistert in die Hände.

„Das ist vorzüglich, Nette, das ist herrlich! Ich sehe ihn richtig vor mir, unseren Figel mit dem Zöpfchen. Nein, ich könnte …"

Levin sah mit nassen Augen zum Fenster hinaus. Lange wartete ich vergeblich auf eine Äußerung von ihm, während Jenny ununterbrochen weiter redete.

„Lies noch einmal die Stelle von der Burg, das hast du so schön beschrieben."

Ich las:

„Trink aus! – die Alpen liegen stundenweit,
Nur nah die Burg, uns heimisches Gemäuer,
Wo Träume lagern lang verschollner Zeit,
Seltsame Mär und zorn'ge Abenteuer.
Wohl ziemt es mir, in Räumen schwer und grau,
Zu grübeln über dunkler Taten Reste;
Doch du, Levin, schaust aus dem grimmen Bau
Wie eine Schwalbe aus dem Mauerneste."

„Nein, Nette, sag nicht ‚dem grimmen Bau'. Das ist zu stark. Da wird Laßberg gekränkt sein."

„Doch, doch, so muss es heißen!"

Jetzt wurde Levin endlich wieder lebendig.

„Genau so muss es da stehen! Gerade am leblosen, kalten Stein klebt das warme, bergende Nest der Schwalbe. Sie gehören zusammen – die Grimmigkeit der Mauern und das lebendig schlagende Vogelherz."

Er sah mich mit einem zärtlichen Blick an. Nie möchte ich vergessen, was darin lag, auch wenn sich inzwischen die Pforten des Paradieses für mich wieder geschlossen haben.

„Lies weiter!", bat Levin.

„Sieh drunten auf dem See im Abendrot
Die Taucherente hin und wieder schlüpfend;

Nun sinkt sie nieder wie des Netzes Lot,
Nun wieder aufwärts mit den Wellen hüpfend;
Seltsames Spiel, recht wie ein Lebenslauf!
Wir beide schaun gespannten Blickes nieder;
Du flüsterst lächelnd: immer kömmt sie auf! –
Und ich, ich denke: immer sinkt sie wieder!"

„Nein", sagt Levin plötzlich mit Entschiedenheit, „du musst es umdrehen, Mütterchen. Erst sinkt sie, und dann steigt sie."

Er steht auf vor Erregung und geht mit großen Schritten durchs Zimmer. Jenny lächelt wehmütig und sieht mich an. Sie versteht. Und darum schüttle ich auch energisch den Kopf. Aber Levin greift nach dem Blatt.

„Pass auf – hier!

‚Ich denke: nimmer kömmt sie auf! – Doch du, du lächelst: immer kommt sie wieder.'"

Da muss ich mich abwenden und mir umständlich die Nase schneuzen. Auch Jenny blickt still auf ihre Handarbeit. Wir sind alle drei so tief in unsere Gedanken versunken, dass wir das Rufen der Kinder auf dem Gang überhören.

Mit ihrem Mädchen stürmen sie plötzlich herein.

„Mama, Mama! Tannette! Levin! Gundel hat sich heute immerzu verspielt. Nicht einmal die Tonleiter konnte sie."

„Nein, Hildel hat dazwischen gesungen. Ich konnte gar nicht aufpassen."

Jenny zieht die beiden aufs Sofa.

„Kommt, wir wollen zuhören. Tannette hat so ein schönes Gedicht geschrieben. Seid einen Augenblick ganz still."

Auch das Kindermädchen muss sich setzen, und ich lese die letzte Strophe noch einmal:

„Noch einen Blick dem segensreichen Land,
Den Hügeln, Auen, üppgem Wellenrauschen.
Und heimwärts dann, wo von der Zinne Rand

Freundliche Augen unserm Pfade lauschen;
Brich auf! – da haspelt in behendem Lauf
Das Wirtlein Abschied wedelnd uns entgegen:
‚Geruh'ge Nacht – stehn's nit zu zeitig auf! – '
Das ist der lust'gen Schwaben Abendsegen."

Wir lachen alle, auch die Kinder und ihr Mädchen, das sonst immer rotgeweinte Augen hat vor lauter Heimweh nach den Eltern. Hildel, die Vorlaute, hat den Inhalt der Strophe sofort erfasst: „Das ist der Figel vom Glaserhäuschen. Ich kenn' ihn! Ich kenn' ihn!"

Die stille Gundel fragt: „Was ist das: ‚haspelt'?"

Doch bevor ich es erklären kann, löst sich die fröhliche Runde auf, weil der Klavierlehrer draußen auf seinen Lohn wartet, Jenny sich um das Abendessen kümmern muss und Laßberg mit Levin über den Fortgang der Arbeit in der Bibliothek sprechen will.

So war es dann immer, wenn ich mit meinem täglichen Gedicht zu ihnen kam: Levin und Jenny wetteiferten mit Verbesserungsvorschlägen. Nur wollte Jenny immer gerade das verändern, was Levin besonders gut fand, und umgekehrt.

Am Ende habe ich gar nichts verbessert, sondern leicht amüsiert das Blatt beiseite gelegt – für später. Es sollte ja ein Gedichtband daraus werden. So hatte mein Junge es beschlossen. Und so kam es auch, aber bis dahin mussten wir noch einen weiten Weg gehen.

Ich habe nie gewusst, dass ein Winter so hell sein kann. Auf den Alpengipfeln leuchtet der Schnee, über dem Wasser schimmert Licht. Der See zeigt dem Himmel seine Farben, eitel bespiegeln sich die Wolken darin. Wenn der Wind von den Bergen herabkommt, schlagen gefrorene Zweige klirrend aneinander. Aber hinter jeder Hecke finden wir Schutz vor der Kälte. Schon im Januar stecken Schneeglöckchen kecke Knospen in die frostklare

Luft, und die dünne Eisschicht am Ufer zerbricht unter unseren Schritten.

Einmal kamen wir zurück und trafen unterhalb der Burg im Schneegestöber ein paar Gaukler mit ihrem Wagen. Die struppige Mähre zog das klapprige Gefährt mühsam übers Pflaster. Es dämmerte schon, und mir grauste bei dem Gedanken, wohin die armen Leute wohl ziehen wollten. Auf uns wartete eine geheizte Stube, auf dem Herd brodelte schon die Suppe. Guten Wein würde uns der Hausherr in die geschliffenen Gläser einschenken ... Und diese? Würden sie wohl irgendwo auf freiem Feld unter der Plane zusammenkriechen, ihr letztes Holz verfeuern, trockenes Brot aus dem Bettelsack miteinander teilen?

Hinter dem Wagen gingen zwei von ihnen – eine vermummte Frau und ein magerer Knabe. Als sie fast vor mir stand, hob die Frau den Kopf. Dünne weiße Strähnen fielen über das verhärmte Gesicht. Ihr Blick war stumpf und ging an mir vorbei. Sie schien nicht alt zu sein, vielleicht kaum älter als ich, während ihr Begleiter wohl hätte erwachsen aussehen können, wenn man ihm zu essen gegeben hätte.

Aber plötzlich sprang der Knabe dicht neben mir zur Seite. Mit einer anmutigen Bewegung fing er große weiße Flocken und trug sie wie Schätze auf seiner Hand, bis sie zerschmolzen. Er lachte nicht dabei. Die Melancholie eines uralten Mannes lag in seinen dunklen Augen. Aber ein Lächeln war es doch, das er mir schenkte, als er an mir vorübertanzte, selbst so leicht wie eine Flocke.

Eigentlich wollte ich nach meinem Beutel greifen und den beiden irgendetwas geben, was für ein Bier in der Schenke reichen könnte. Aber ich wagte nicht mehr, sie anzurufen. Die Frau drehte sich noch einmal nach mir um, dabei verschwamm ihr Bild vor meinen Augen, veränderte sich auf seltsame Weise und wurde – wurde mir ähnlich, so ähnlich, dass ich aufschrie und mich auf Levin stützen musste.

Dann waren sie vorüber.

Es war die Zeit, als mein Pferdchen anfing, mit den Hufen zu scharren, den Kopf zurückzuwerfen und zu schnauben, wenn ihm etwas nicht gefiel. Und ihm gefiel manches nicht: die Ansichten des Hausherrn über Literatur, die Sorgfalt, mit der das Dienstmädchen seinen Schreibtisch abstaubte, die vielen Besuche, die Hochnäsigkeit des Adels, wie er es nannte … Aber das alles konnte ich mit einer Handbewegung von seiner Stirn wischen.

Nur einmal, als ich ihm eine gute Nacht wünschte, küsste er mich nicht wie gewohnt auf die Stirn. Er drückte mich so fest an sich, dass mir fast der Atem stockte.

„Möderken – Mütterchen", stöhnte er und versuchte meine Lippen zu küssen. Seine Hände nestelten an meinem Kleid. Mich ergriff ein panischer Schrecken, als wollte der Bodensee in den Turm steigen und wir müssten im gurgelnden Wasser ertrinken. Ich habe ihn zurückgestoßen, obwohl ich ihn doch so lieb hatte.

Da stampfte der Junge zornig mit dem Fuß auf.

„Bin ich nur der Lastesel für das gnädige Fräulein? Soll ich immer nur Gedichte bewundern? Bin ich nicht aus Fleisch und Blut?"

Ich stolperte zur Tür hinaus und floh. In der Nacht weinte ich viele Stunden, obwohl der Mond mild und tröstlich in mein Zimmer schien. Ich wusste nun, dass mein Glück nicht mehr lange dauern würde, und ich versuchte mein Herz hart und fest zu machen wie die Mauern der Burg. Aber es ist mir nicht gelungen.

Als der Frühling uns schon erste warme Strahlen sandte, schrieb Freiligrath an Levin von einer Hauslehrerstelle beim Fürsten Wrede. Ich konnte nicht anders, ich durfte ihm nicht abraten. Auch Laßberg brummte manchmal schon, seine Bibliothek sei nun wirklich gut geordnet und du, Mama, hast geschrieben, ich solle bald zurückkommen. Warum? Wolltest du nicht immer, dass ich hier im Süden gesund werde? Aber ich ahne, warum du dir Sorgen gemacht hast. Und es war auch Grund dazu.

Wir gingen selten zur Messe. Wahrscheinlich sprach Laßberg

mit Gott lieber mittelhochdeutsch. Die Kapelle der Burg wurde kaum benutzt. In freier Natur fanden wir so viel Grund, Gott zu loben. Oder habe ich die Nähe des Himmels nur in Levins leuchtenden Augen gesucht?

Ja, Mama, ich habe in jenem Winter am Bodensee anders gelebt, als du es wolltest. Und ich habe dafür bezahlt. Dennoch – verzeih mir! – bereut habe ich es nie.

Die Mandelbäumchen blühten überall in den Gärten, als Levin uns verließ. Ich blieb in meinem Zimmer, lauschte den Schritten, die sich sehr langsam entfernten. Vielleicht hätte ich ihn sogar halten können, als seine warme Hand noch einmal in meiner lag. Aber ich ließ ihn los. Wie konnte ich festhalten, was mir nicht gehörte? Den, dem ich nie gehören konnte.

Am Ende der Treppe muss er wohl stehen geblieben sein, denn es dauerte lange, bis die Dielen im Flur knarrten und ich wusste: Nun geht er den Gang entlang, nun tritt er ins Freie, nun öffnet sich das Tor … Vor ihm liegt im Morgendunst der See. Ein Diener begleitet ihn und trägt sein Gepäck. An der Post wartet die Kutsche. Jenny wird ihm nachsehen und vielleicht ihr kleines weißes Tuch aus dem Fenster flattern lassen. Aber der Blick seines Herzens wird durch die Mauern hindurch bis hierher auf das Sofa reichen, wo ich mich zusammenkrümme.

Irgendwann höre ich das Posthorn. Ich sehe ihn mit traurigen Augen hinausblicken. Ach, was hat er verloren? Ein hässliches altes Weib, das weinend auf dem Sofa kauert, ein ausgebranntes Herz, das am liebsten nicht mehr schlagen möchte, ein Liebchen, das ihn nicht lieben kann – aber doch: ein Mütterchen!

Dann, Mama, bin ich gehorsam nach Rüschhaus heimgekehrt. Als die Schwalben nach Süden zogen, zog ich nach Norden. Ich bat Levin in meinem Brief, mich nun wieder förmlich anzureden, denn ich wusste, du würdest seine Briefe lesen wollen. Wie hätte ich es dir verwehren können? Das Herz deines Kindes wolltest du offen vor dir liegen haben. Ach, Mama, sei froh, dass du nicht in seine Tiefe sehen musstest.

Levin schrieb mir treu, aber seine Briefe enthielten bald keine Geheimnisse mehr. Er schrieb freundlich, manchmal sorgenvoll. Die wenigen Sätze voller Liebe und Sehnsucht habe ich getrunken, gegessen, mir nachts auswendig vorgesagt – und allen anderen verschwiegen.

„O Gott, wann seh ich Sie wieder, um einmal wieder mit Ihnen alles von Anfang bis zu Ende durchschwatzen zu können, ich habe Ihnen so unendlich viel zu erzählen – es wäre eine wahre Wonne!"

Aber diese Sätze wurden immer seltener. Ich begann zu hungern und bin nie wieder satt geworden.

Ja, er brauchte ein anderes Liebchen. Und so hat er sein Mütterchen verraten um den Preis eines schönen jungen Gesichts. Er brauchte Lippen zum Küssen und einen Busen, den er tätscheln konnte. Ich hätte es wissen müssen, aber mein Herz, mein dummes Frauenherz war verblendet von der Liebe.

Als er sie mir brachte, seine Luise, da habe ich gesehen, dass alles nicht wahr gewesen ist, was ich mir vorgestellt hatte: Sie war nicht dumm, sondern geistvoll, nicht arrogant, sondern freundlich und rührend bemüht um mein Wohlwollen, das ich zu zeigen versuchte, aber – es gelang mir nicht. Die Natter Eifersucht hatte mich vergiftet. Was Luise auch tat oder sagte, es schien mir lieblos und nur dazu angetan, mich zu kränken.

Selbst der alte Laßberg verzog den Mund und schüttelte den Kopf, als ich einmal wieder entgegnete: „Reizend, ganz reizend, liebe Luise, aber Ihr Levin wird sicher anderes von Ihnen erwarten."

Levin bewahrte bis zum Schluss mühsam seine Fassung. Wehmütig hat er beim Abschied meine alten Hände gestreichelt und leise, sehr leise „Auf Wiedersehen, Möderken" gesagt. Dann sind sie zum Landesteg hinuntergestiegen, und ich sah, wie sie ablegten, und das Schiff immer kleiner und kleiner wurde, bis es in Dunst und Nebel verschwand. Nichts war mehr da als das schweigende Wasser.

Grausam ist Levin dann mit unserem Stand ins Gericht gegangen, obwohl Luise auch adliger Herkunft war. Seine Romane haben Geheimnisse enthüllt, er hat mich wie nackt vor sie alle hingestellt, die ja schon immer mit dem Finger auf mich zeigten und jetzt genau wussten:

„Die da, die gehört zu uns, und sie hat es ihm erzählt – als seien wir alle ‚chinesische Gemüter, deren höchste Gottheit die Etikette und ängstliche Wahrung des äußeren Scheins‘ ist. ‚Porzellane Gesichter‘ sollen wir haben, nur weil wir noch auf Sitte und Anstand achten …“

O Levin! Verraten hat er mich, nicht nur an seine Frau, er hat mich an die neue Zeit verraten, die kommen musste – und mich nicht mehr brauchte: eine zerbrochene Muschelschale, die unterging im Fluss seines Lebens.

„Ich habe selbst, längst ehe ich Sie kannte, mir einen Gedanken ausgehoben aus denen, welche die Zeit bewegen, und für den will ich streiten! Aber zwischen ihm und dem Gedanken, dem Sie dienen, ist keine Gemeinsamkeit, nein, ist vielmehr eine Fehde auf Tod und Leben. Ich war ein so gutmütiger Tor bis jetzt, diesen Zwiespalt zwischen uns nicht klar auszusprechen. Ich mochte Sie nicht in der Leidenschaftlichkeit Ihrer Freundschaft für mich verletzen …“

So schreibt Levin. Und wenn ich auch nicht die böse Allgunde bin, der sein Held diese Worte im Roman entgegenschleudert: Ich weiß, dass sie mir gelten.

Wie war ich verletzt! Wie habe ich gebebt vor Zorn, vor Verzweiflung, vor Abscheu und Angst! Da setzten auch die Kopfschmerzen wieder ein, dass ich auf dem Bett lag und mich nicht mehr rühren konnte. Ich schleppte mich krank und elend durch meine adligen Tage. Und manchmal, manchmal in kalten Nächten, schlaflos in Rüschhaus, wenn der bleiche Mond durchs Fenster schien und im Wald die Käuzchen riefen, dann erschien das Bild der Gauklerin vor meinen Augen, und ich stöhnte vor Verzweiflung.

Ich hatte gewählt.

Lebt wohl, es kann nicht anders sein!
Spannt flatternd eure Segel aus,
Lasst mich in meinem Schloss allein,
Im öden, geisterhaften Haus.

Lebt wohl und nehmt mein Herz mit euch
Und meinen letzten Sonnenstrahl;
Er scheide, scheide nur sogleich,
Denn scheiden muss er doch einmal.

Lasst mich an meines Sees Bord,
Mich schaukelnd mit der Wellen Strich,
Allein mit meinem Zauberwort,
Dem Alpengeist und meinem Ich.

Verlassen, aber einsam nicht,
Erschüttert, aber nicht zerdrückt,
Solange noch das heil'ge Licht
Auf mich mit Liebesaugen blickt.

Solange mir der frische Wald
Aus jedem Blatt Gesänge rauscht,
Aus jeder Klippe, jedem Spalt
Befreundet mir die Elfe lauscht,

Solange noch der Arm sich frei
Und waltend mir zum Äther streckt,
Und jedes wilden Geiers Schrei
In mir die wilde Muse weckt.

„Lebt wohl" (1844)

8. Kapitel: Über dem See

Letzte Woche goss der Mond Licht über den See. Eine Straße öffnete sich hin zu den schattenhaften Häuptern der Alpengreise. Ich lag schlaflos, wusste, dass es auch keinen Zweck haben würde, die Vorhänge zu schließen. Das Mondlicht drang durch alle Gardinen hindurch, bohrte sich in meine Stirn und öffnete verschlossene Türen und Kammern.

Gefangene Gedanken krochen ins Freie, vergessene Gespenster reckten sich, blähten sich zu Riesen auf, füllten den Raum mit silbrigem Schimmer, tanzend, immer tanzend. Sie weckten in mir kein Grauen mehr wie früher, als ich noch angstvoll ihrem Drängen zu entkommen versuchte. Vertraute Gäste meiner Einsamkeit, füllten sie die Leere zwischen Ofen und Fenster, Tisch und Bett. Nur das Vögelchen in seinem Käfig rührte sich in unruhigem Traum.

Da ballten sich auf einmal die Schwaden zusammen, nahmen Gestalt an, zogen den Nebel wie einen Vorhang zur Seite, und vor meinen Augen wurde der Sessel am Fenster sichtbar. Seine dunklen Umrisse hoben sich deutlich ab. Im bleichen Licht sah ich: Jemand saß im Sessel. Es dauerte, ehe ich die Gestalt erkennen konnte, den geneigten Kopf, die zurückgekämmten Haare. Ich glaubte einen Augenblick, Mama, ich hätte dich gesehen, und mein Atem stockte.

Aber dann fühlte ich eine ungeheure Erleichterung, ja eine tiefe Freude, die ich keiner Seele beschreiben kann, die das nicht gefühlt hat: Ich sah mich selbst sitzen, wie schlafend, ein wenig zusammengesunken, aber ohne einen Ausdruck von Schmerz oder Kampf. Ich sah meine Hände, die sich leicht auf die Lehnen des Sessels stützten, ohne ihn zu umklammern. Hände von blauen Adern durchzogen, müde Hände, die nichts mehr hielten. Ich sah, dass ich über die silberne Straße ins Licht gegangen war.

Plötzlich war ich hellwach. Vielleicht hatte sich eine Wolke vor den Mond geschoben? Das Zimmer lag dunkel und leer. Ich wollte aufstehen, aber ich war zu schwach. Das Bild im Sessel, den Schatten wollte ich mit sanfter Hand berühren, die erkaltenden Arme streicheln und ein „Lebe wohl" sagen, ein „Auf Wiedersehen" in der frohen Zuversicht, dass es nicht mehr lange dauern würde. Ich scheute mich nicht, gar nicht vor dem Phantom, doch ehe ich es erreichen konnte, war es verschwunden, und um mich wurde es kühl.

Die Dielen knarrten, so leise ich auch ging. Mein Schritt schien das alte Gewölbe aus tausendjährigem Schlaf aufzuwecken. Wie ich vorwärts schlich, schlich es unter mir mit, wimmerte es, scharrten die Füße der Wächter, und es rasselte fern, fern eine Kette. Es waren nur wenige Schritte bis zum Tisch, aber es schien mir ein Gang durch Jahrhunderte, bis ich endlich in meinem Leben angekommen war.

Draußen lag der See, unbewegt, fahl.

Liebste Mama, ich wusste nun, dass mir nicht mehr viel Zeit blieb. Mein Testament hatte ich schon gemacht. Das Wenige, worüber ich verfügen konnte, war aufgeteilt. Aber es blieb mir dies eine: tapfer und mit offenen Augen die Landschaft meines Lebens noch einmal zu durchschreiten.

Am Morgen begann ich zu schreiben, als die Sonne ihr Licht übers Wasser ausbreitete und der See in bester Laune kleine glitzernde Wellen warf, die ihn wie Perlengeschmeide zierten. Es war, als wollte er mir die Reichtümer aufleuchten lassen, die sich in der Tiefe meines Lebens verborgen hatten. Aber ich wusste darunter auch den Abgrund der Schuld, der Verzweiflung, der Einsamkeit.

„Et ist so einsam, vierl to einsam", sagte der Sohn meiner alten Amme, als er die Bilder betrachtete, die Friedrich Hundt in Münster nach langer schwieriger Sitzung von mir gemacht hatte. Natürlich warst du dagegen, dass ich mich in solche Gefahr begebe. Noch nie war jemand aus unserer Familie zu einem Mann gegangen, der ein lebendiges Wesen mit Hilfe moderner Technik auf Papier bannt wie auf einen Spiegel. Du hast Schaden für mich befürchtet, Mama. Ob von dem Licht der Kamera oder von dem Anblick dieses ganz verschlossenen Gesichtes – das weiß ich nicht. Es gab deiner Ansicht nach ohnehin schon genug Porträts von mir.

„Sei nicht so eitel", hieß es. Aber ich war nicht eitel, ich wollte es nur sehen, genau dieses Gesicht wollte ich sehen. Und ich wollte meiner lieben Lies, meiner Vertrauten, meiner Herzensfreundin Elise, etwas mitgeben, als sie aus Münster fortzog. Ich schenkte ihr mein Bild, das sie sehr ähnlich fand, während du, Mama, vor Entsetzen gestöhnt hast. Diese kranke, vornüber gebeugte Gestalt, diese in weite Ferne gerichteten Augen – das sollte deine Tochter sein?

Als ich Jenny ein Bild schicken wollte, hast du es verboten. Warum, Mama, warum? Hast du noch immer nicht gewusst, wer ich bin?

Zu der Zeit war ich schon berühmt, vor allem in Süddeutschland. Vielleicht weckt die zärtlichere Sonne in den Menschen des Südens mehr Poesie als im rauen Westfalen – wo man schon den schriftkundigen Römern und dem lernbegierigen großen Karl entschlossen die Stirn geboten hat. In den am meisten verbreiteten Zeitschriften und Anthologien wurde auf einmal der Name genannt: Anna Elisabeth von Droste-Hülshoff. Es gab Loblieder und vernichtende Kritiken. Ich habe sie nicht mehr gelesen.

Die ersten Male, ja, da hat mein Herz noch höher geschlagen, wenn ein Rezensent von der Klangfülle meiner Verse schrieb. Aber ich nahm es bald schon wie selbstverständlich, dass sie mich unter den ersten Dichtern Deutschlands nannten, mich, eine Frau.

Nur eins hätte ich gern gewusst: Was haben August von Arnswaldt und seine Frau Anna empfunden, als sie das „Morgenblatt für den gebildeten Leser" aufschlugen und jeden Tag aufs Neue lesen mussten: „Die Judenbuche" – „von Annette E. Freiin von Droste zu Hülshoff"? Es hätte vielleicht die Bitternis auf dem Grund meines Herzens ein wenig gelöst, wenn sie nur einmal, nur einmal geschrieben hätten: „Nette, wir wissen heute, dass alles ganz anders war …"

Aber es kam kein Brief von Arnswaldt und seiner Frau, und ich muss annehmen, dass sie nur kopfschüttelnd verfolgt haben, wie mein Name überall genannt wurde, und dass sie jede Kritik an der Unverständlichkeit meiner Texte mit heftigem Nicken zur Kenntnis nahmen – wie so viele meiner Verwandten.

Dass ich in ihren Augen eine zweifelhafte Dichterin war, hinderte sie nicht, in mir eine brauchbare Krankenpflegerin zu sehen. Und so rief mich Tante Ludowine, kurz nachdem meine Alte gestorben war, nach Bökendorf und Abbenburg, als Onkel Friedrich schwer darniederlag. Ich habe ihn gepflegt in dem einsamen Haus unter vielen hohen Bäumen. Nachts rief das Käuzchen vor dem Fenster des Krankenzimmers, und ich flößte dem Kranken Tee ein, wechselte sein durchschwitztes Hemd und versuchte dann, noch einige Stunden zu schlafen. Aber schon kurz nach dem Schrei der Hähne weckte mich die Magd, weil der Onkel nach mir verlangte.

Ich saß bei ihm, lauschte auf seinen röchelnden Atem und kühlte mit einem feuchten Tuch sein Gesicht. Das ging so lange, bis ich selbst auf dem Flur zusammenbrach und von dem Gesinde auf mein Bett geschleppt werden musste. Der herbeigerufene Arzt erklärte mich für „dienstunfähig".

Ich kehrte nach Rüschhaus zurück, wo noch der Geist meiner Amme umging. Auch bei ihr hatte ich es nicht mehr bis zum Ende ausgehalten. Ich hatte so schrecklich gehustet, dass sich die Sterbende im Bett aufzurichten versuchte, um mir Hilfe zu leisten. Du, Mama, hast mich fiebernd an ihrer Seite gefunden. Die Hülshoffer Kutsche stand noch vor der Tür in Rüschhaus, und ich musste auf deinen Befehl sofort einsteigen. Es war, als hätte ich damit auch meiner Alten die letzte Sorge genommen, denn zwei Stunden später war sie tot. Du hast mir versprochen, bei ihr zu bleiben. Aber ich weiß nicht, ob du es wirklich getan hast, denn auf meine drängenden Fragen, wie sie gestorben sei, hast du mir nur sehr ausweichende Antworten gegeben.

Was blieb mir nun noch, wenn ich das wilde Getobe der Hülshoffer Großfamilie hinter mir ließ und in Rüschhaus das Sonnenlicht über der Heide verglühen sah? Du hast es ähnlich empfunden, warst immer hin- und hergerissen zwischen den lärmenden, lauten und – gib es zu! – etwas gewöhnlichen Kindern deines Sohnes, des adligen Stammhalters und wackeren Verteidigers unserer Vorrechte, und den zarten, feinsinnigen Zwillingen deiner sanftmütigen Tochter.

Werner hat mich gebeten, in der Kölnischen Zeitung, für die Schücking als Redakteur arbeitete, keine Gedichte mehr zu veröffentlichen, weil die politische Tendenz der dort veröffentlichten Artikel unserer gut katholischen Einstellung widerspreche. Natürlich hatte Werner Recht, und doch musste erst Levins schrecklicher Roman erscheinen, ehe ich bereit war, mich ganz und gar, mit Herz und Seele von ihm und seiner Zeitung loszusagen.

Jenny dagegen hat auch später noch an Schücking geschrieben. Ihr weiches Gemüt zog keine Grenzen. Sie ist auch nie wieder nach Westfalen gereist. Es war dort nichts geblieben, was ihrem Herzen heimatlich gewesen wäre – außer uns. Und Laßberg war von tiefer Verachtung erfüllt für das Land, in dem man Riesling aus Rotweingläsern trank.

Und wohin gehöre ich? Bin ich nicht tief verwurzelt im roten Boden Westfalens? Habe ich nicht selbst am Ufer des schwäbischen Meeres von der norddeutschen Heide geschrieben?

Ich saß am Fenster, sah auf die Alpen – und das Moor gluckste unter meinen Füßen, mein Turmzimmer verwandelte sich in eine verlassene Vogelhütte, wo ich zwischen duftenden Kräutern und schwirrenden Insekten die Zeit vergaß …

Selige Erinnerungen, hier wie dort: Das Lachen meines Jungen, die liebe Stimme über mir, wenn ich im weichen Grasbett lag. Die Orte, wo ich saß und auf ihn wartete, das Fernrohr ans halbblinde Auge gepresst. Erinnerungen, von denen ich nie zugegeben habe, dass sie mein ganzer Reichtum waren, mehr wert als meine Kaisermünzen und Golddukaten.

Mit Elise, die mehr als eine „Heckenschriftstellerin" war, konnte ich darüber sprechen. Meine liebe Lies hatte Levin auch gut gekannt, und er war ihrem reifen Herzen nahe gekommen, obwohl sie doch einem Ehemann gehörte und eigentlich gegen die Schmeicheleien des Knaben hätte taub sein müssen. Schuld und Enttäuschung haben uns mehr verbunden als literarischer Ehrgeiz.

Elise fuhr mit uns ein Jahr später wieder nach Süden. Mit ihr saß ich am Ufer des Sees, und wir zählten in bunten Kieseln unsere Erinnerungen auf. Die schönsten schenkten wir einander und warfen die schwarzen ins Wasser. Aber Elise konnte nur kurze Zeit in Meersburg bleiben, dann reiste sie nach Münster zurück und zog nach Minden um. Mit ihr zog die Erinnerung an die „Heckenschriftstellergesellschaft", an die Stunden beim Tee, an Levin neben meinem Sessel … Sie hat mich verlassen wie alle anderen, aber sie hat mich nie verraten.

Ich blieb nach meiner Rückkehr in Rüschhaus, Briefe schreibend, auf Briefe wartend, noch ein Stück einsamer, noch ein Stück leerer. Die Schlüters in ihrer Herzensgüte brachten wohl einmal Leben und Wärme in mein kalt gewordenes Schneckenhaus. Doch ihre fromme Zuversicht, manchmal mit gequältem Lächeln beteuert, konnte mir nicht helfen.

Ich erinnerte mich an meine „Geistlichen Lieder", die unfrommen „frommen" Verse einer Zweifelnden. Mein Glaube an Gott war immer kleiner geblieben als meine Liebe zu seinen Geschöpfen. Wird er mir verzeihen, dass ich in den dunkelsten, einsamsten Stunden, von fürchterlichem Kopfschmerz geplagt, die Stirn an die kalte Wand drückte und weinte: „Du schrecklicher Gott, deinen Sohn lässt du kreuzigen und mich lässt du allein, ganz allein in der Nacht. Nicht einmal einen Engel schickst du mir, der mir in einem Kelch Stärkung reicht. Nein, du verdammst mich in die Tiefe der Hölle, weil ich nicht glauben kann, dass du gut bist."

Wenn ich dann am Morgen meine Verzweiflung in Verse fasste, fügten sie sich wie von selbst und ich spürte: Keinen Engel schickt mir Gott, aber ein Gedicht.

Schlüter will ich diese Gedichte schenken, wenn ich sie endlich geordnet und abgeschrieben habe. Ob mir die Zeit noch bleibt?

Monatelang wanderte ich durch Rüschhaus, treppauf, treppab, durch den Garten, die Allee entlang. Ich suchte die Wärme eines Herzens. Ja, Schlüter war noch da, meine Lies in Minden und noch ein paar Verehrer, die wie Unkraut aus dem Boden wuchsen, sich plötzlich an mich drängten und an meinem Ruhm Anteil haben wollten. Aber ich machte ihnen bald klar, dass ich sie nicht brauchte, und sie schlichen wie begossene Hunde davon.

Was also hielt mich noch in Rüschhaus? Bönninghausens Kuren halfen mir auch nicht mehr. Mein ganzer Körper war von zuckenden Schmerzen gepeinigt. In Fiebernächten hast du, treue Mutter, meine Hand gehalten, und als ich plötzlich nicht mehr gehen konnte, da hast du würdige alte Frau dein Kind gestützt, fast getragen, als wäre ich noch ein kleines Mädchen. Dazu ließ uns beide mein Husten nicht schlafen, so sehr ich ihn auch zu unterdrücken versuchte. Denn du warst dabei, deine nächste Reise vorzubereiten. Ich wollte nicht, dass du meinetwegen bleibst. Als ich mich etwas besser fühlte und Werner hoch und heilig versprach, mich nicht allein in Rüschhaus umkommen zu lassen, da bist du aufgebrochen – ohne mich. Meine Gedanken haben dich begleitet, und eines Morgens meinte ich, du müsstest nun angekommen sein.

Es war ein früher Herbsttag, eigentlich noch Sommer, aber kalter Nebel belagerte Rüschhaus von allen Seiten. Es schien nur noch eine Frage der Zeit, wann er eindringen, Küche und Kammern füllen und sich wie ein Leichentuch über mein Bett legen würde. Da weinte ich auf einmal, als wäre ich ein Kind, und verlangte nichts anderes mehr, als bei dir zu sein, bei Jenny, im Süden.

Aber erst einmal holte mich Werner nach Hülshoff. Auch dort blies feuchtkalter Wind über die Gräfte, und der Nebel war erfüllt vom Gewirr vieler Stimmen, vom Knallen der Türen, Schimpfen der Rossknechte und den schrillen Rufen meiner Schwägerin Line dazwischen. Auf Hülshoff gab es keinen Turm für mich, keine Jenny, die lautlos hereingeschlichen kam, um sich an mein Bett zu setzen.

Ich nahm alle Kraft zusammen, die ich noch aus den entferntesten Gliedern meines Körpers herausziehen konnte, stand auf, tastete mich an der Wand entlang und rief nach der Magd. Noch am selben Tag ließ ich meine Sachen packen. Vieles Liebgewesene blieb zurück. Es war unwichtig geworden: Münzen und Versteinerungen, Schmuckstücke, Uhren. Ich brauchte nicht mehr viel.

Werner zuckte die Achseln, ratlos wie immer, wenn es um seine seltsame Schwester ging, deren dunkle Verse er nie verstanden hat. Er gab mir bis Bonn seinen Ältesten mit, Heinrich, einen vernünftigen jungen Mann. Weiter, meinte Werner, würde ich ohnehin nicht reisen können. Ich glaube, er war sehr froh, die Verantwortung für mich an die Bonner Verwandten abgeben zu können. Aber ich wollte weiter.

Die liebe Tante kannte mich inzwischen gut genug und wusste, dass sie mich nicht halten würde. Also machte sie einen Plan, ein Meisterstück von einem Reiseplan. Ich wurde umsorgt, gepflegt, weitergereicht von einem Schaffner und Kutscher zum nächsten – wie ein Paket mit kostbarstem Inhalt. Dabei genoss ich die Vorteile der modernen Technik: Dampfschiff und Eisenbahn. Ich brauchte nur noch hundert Stunden bis zum Bodensee und kam mir vor wie ein Vogel, der übers Land fliegt.

In Freiburg entschloss ich mich wider alle Vernunft, nachts mit der Extrapost weiterzufahren. Es war mir zuwider, noch eine Nacht krank und elend im Gasthaus zuzubringen. Von Stockach war es dann nicht mehr weit, und ich stolperte euch lange, bevor ihr mich erwartet hattet, in die weit geöffneten Arme. Zuerst habt ihr mich angesehen, als sei ich ein Gespenst, aber dann habt ihr wohl gemerkt: Ich war nur ein Kind, das nach Hause kam.

Ich wohnte nicht mehr in dem Turmzimmer, zu dem die vielen Stufen hinaufführten. Nach Levins Abschied hat Jenny mich in zarter Rücksichtnahme in einer ganz anderen Ecke der weitläufigen Burg einquartiert. Ich bin hier noch näher am See und sitze doch in einem Turm, der über der Unterstadt aufragt. Zum Garten komme ich ohne Mühe, weil er auf gleicher Höhe liegt wie mein rundes „Spiegelei".

Als ich nach meiner Ankunft aus dem Fenster sah, ging mein Atem schon leichter. Der See hatte sich modisch bunt gekleidet: Grün schimmerte das Wasser weit draußen. Wie Blut breiteten sich dunkle Flecken dazwischen aus. Leuchtend rot bekränzten die Weinberge den Spiegel, in dem sie sich eitel betrachteten. Nur die Alpen waren noch nicht aufgestanden aus dem Dunst.

Ich sank auf mein Bett, schlief, als hätte ich wochenlang nicht geschlafen, und konnte am Tag danach langsam umhergehen und euch trösten, die ihr in eurer Aufregung gleich zwei Ärzte an mein Bett bestellt hattet.

Aber ich bin auch hier nicht gesund geworden. Meine Zeit ist herum. Nur eins gibt es noch, was ich mir wünsche. Und darum bin ich auch, als es Frühling wurde, aufgestanden, habe mir das Kleid fest zugeknöpft und bin mit kleinen Schritten, von Jenny liebevoll gestützt, über die Terrasse gegangen, die Treppe hinauf in den Speisesaal, habe mich zu euch an den Tisch gesetzt und in eure gespannten Gesichter hinein gesagt: „Da bin ich wieder."
    Der gute Laßberg schlug sich vor Freude auf die Schenkel, die

lieben Mädchen rückten mir den Stuhl zurecht, zupften an meinem Rückenkissen und konnten gar nicht genug tun, es mir bequem und angenehm zu machen. Dabei brauchte ich nur in diese reinen Gesichter zu sehen, um mich zu freuen.

Wahrscheinlich waren die Kinder von Vater, Mutter und Großmutter streng ermahnt worden, sich ja brav und anständig zu betragen. Sie saßen auf ihren Stühlen wie wahre Prinzessinnen, antworteten nur, wenn sie gefragt wurden, und nur mit einem neckischen Lächeln, wenn Laßberg sie in seiner altväterlichen Art liebevoll verspottete.

Du, Mama, hast an diesem Tisch ihm gegenüber gethront und nichts durchgehen lassen: keine Anrede ohne ein höfliches „Bitte ...“, keine Widerrede. Natürlich wurde in deiner Anwesenheit immer ein Tischgebet gesprochen. Hildel und Gundel wechselten einander ab. Hildel sprach die auswendig gelernten Verse eher keck herunter, als wollte sie Gott nur darauf aufmerksam machen, dass wir – die Familie von Laßberg auf der Meersburg – treu an ihn dachten. Gundel dagegen piepste den Dank wie ein Vögelchen aus dem weichen Nest. Ja, es war schön, mit euch zu essen, selbst wenn ich kaum etwas herunterbekam.

Doch meine Gedanken wanderten noch weiter, noch höher den Berg hinauf, nämlich dahin, wo über der Stadt Meersburg, über der alten Burg und dem neuen Schloss ein kleines Rebhäuschen in den Weinbergen stand, hoch über dem See und nahe am Himmel. Dieses Häuschen wollte ich bewohnen. Das war alles, was ich mir noch wünschte. Du weißt, Mama, wie lieb es mir ist – mein Grundbesitz, mein „Fürstenhäusle".

Niemand hat es mir geschenkt, niemand hat mich dorthin eingeladen. Ich habe es selbst gekauft, ersteigert, wobei mir das Wohlwollen der Meersburger Bürger entgegenkam. Ich habe es bezahlt mit Geld, das ich mir verdient habe. Levin war es (ich kann ihn nicht ausradieren aus meinem Leben, auch wenn ich es mir manchmal gewünscht habe), der den Vertrag mit dem Cotta-Verlag ausgehandelt hat, so günstig für mich, so gut, dass ich mein Häuschen bezahlen konnte. Meine Träume haben sich darin niedergelassen, während in Wirklichkeit nur die Schwalben durch zerbrochene Fensterscheiben aus- und einfliegen.

Von dort, meinem Ölberg, wollte ich auf die Welt herabsehen und über sie weinen. Vielleicht verwandeln sich meine Tränen in Gedichte, so wie Tropfen im Sonnenlicht zu vielfarbig glitzernden Diamanten werden. Im letzen Jahr hoffte ich noch, dass ich es schaffen würde, mich dort oben einzurichten, in der kleinen Küche meinen Wein zu probieren und mit den letzten wenigen Freunden Verse zu lesen. Jenny redete mir gut zu. Je öfter ich ins Speisezimmer kam, desto größer wurde ihre Zuversicht. Aber der Weg ist zu steil, zu viele Stufen führen hinauf, ehe man von oben die Stadt, die Berge, den See und den Himmel mit einem Blick umfassen kann.

Die Kinder, die mich oft abends im Turmzimmer besuchen, erzählten mir begeistert: „Tannette, die Trauben an deinen Weinstöcken sind schon ganz dick und rot."

„So rot wie Blut?"

„Noch röter, Tannette, noch röter!"

Ehe die Trauben geerntet wurden, bist du, liebe Mama, abgereist. Du warst voller Vertrauen, dass wir uns wiedersehen. Vor einiger Zeit habe ich dir ganz zuversichtlich nach Westfalen geschrieben, aber dann hat der Winter mich wieder aufs Bett geworfen.

Während der muntere See unten Gischt spritzte und die Alpenhäupter sich in gleißenden Schnee hüllten, lag ich mit offenen Augen bei Tag und bei Nacht auf meinem Bett. Wieder wurde eine alte, zuverlässige Magd im Nebenzimmer einquartiert, um schnell bei der Hand zu sein, wenn ich Hilfe brauchte. Aber ich brauche keine Hilfe.

Meine Seele taucht in die Tiefe des Sees, wo die Ungeheuer der Zukunft wohnen und die blassen Träume von einer besseren Welt warten und hoffen. Wenn Jenny zu mir kommt, höre ich von der Unruhe im Land, von Aufruhr und dem Zerbrechen der alten Ordnung. Jenny schont mich, sie wiegelt ab, will keine Gefahr sehen, aber wenn die Kinder hereinschleichen und sich an mein Bett setzen, dann plappern sie manches, was nicht für meine Ohren bestimmt ist.

Eine neue Zeit bricht über Schlösser und Burgen herein. Die Diener setzen sich auf die Stühle der Herren, der Bürger will König sein. Eltern sollen ihren Kindern gehorchen, und der Soldat will selbst bestimmen, gegen wen er kämpft. Das Schlimmste aber ist: Sie wollen auch Gott von seinem himmlischen Thron herunterholen. Sie brauchen ihn nicht mehr, sie brauchen keine Gnade und kein Erbarmen, denn es gibt keine Schuld. Wie bange ist mir vor diesen freien Geistern, die nur noch an sich selbst glauben. Es ist ein schwacher Trost, dass auch sie bald von den Würmern gefressen werden wie ihre Väter.

Ja, sie haben das Dampfschiff erfunden, und die Eisenbahn faucht durchs Land. Ja, es ist herrlich, dass ein Brief von lieber Hand nur ein paar Tage braucht, um weit entfernte Freunde zu erreichen. Aber wer schreibt noch Briefe? Wer hat noch etwas zu sagen außer Geschwätz und Gewäsch? Wem nützt der Fortschritt? Werden Feinde einander lieben, weil sie so schnell zueinander kommen können? Werden sich die Menschen ändern, die bisher stets den eigenen Vorteil im Sinn hatten und dafür gemordet und gestohlen haben? Bringt uns der rasende Fortschritt das, wonach wir uns alle sehnen: Liebe, die hält und trägt, auch dann noch, wenn der Körper vom Husten geschüttelt in mondloser Nacht dahinsiecht?

So habe ich, Mama, in diesen Stunden auf meinem Bett die Zukunft gesehen. Sie stieg aus den Untiefen des Sees und ging durch mein Zimmer. Mit kotigen Stiefeln hat sie zertreten, was uns teuer gewesen ist: die Gebote Gottes zuerst.

Nun wird es wieder Frühling, ich höre morgens die Vögel singen. Auch wenn Jenny nichts sagt, spüre ich, dass die Gefahr sich nähert. Mein Koffer ist immer gepackt, mein Reisekleid hängt über der Stuhllehne, aber ich möchte nicht mehr reisen. Ich möchte nur noch von meinem Fenster aus auf den tobenden See hinunterschauen und ganz still meine Tür verschließen – für immer.

Leb wohl, beste Mama. Die Schwalben zwitschern am Turm, als sei dies irgendein Frühling und als wollte die Welt ihren Lauf fortsetzen wie bisher. Aber mich braucht sie nicht mehr.

Wenn du um mich trauerst, dann tröste dich damit, gute Mutter, dass du deine Pflicht getan und dein Kind auf den Weg geleitet hast, den es nach Gottes Willen gehen sollte. Ich habe mich immer darauf verlassen, dass du Gottes Willen besser kennst als ich. Sonst hätte ich vielleicht anders gelebt. Levin schreit mit im Chor der Fortschrittlichen – auch er, auch mein Junge, mein treuloses Pferdchen! Aber um mich mach dir keine Sorgen mehr, Mama, du hast dich genug gesorgt. Ich bleibe für immer –

deine gehorsame Tochter Nette

Todesanzeige („Totenzettel")
für Annette von Droste-Hülshoff

Es hat dem Herrn über Leben und Tod
nach seinem unerforschlichen Ratschluss gefallen,
am 24. Mai 1848
Anna Elisabeth Freiin von Droste zu Hülshoff
im 52. Jahre ihres Alters zu sich abzurufen.

Ihr Tod war die Folge langjähriger, mit großer Geduld ertragener chronischer Leiden, denen ein Herzschlag auf dem Schlosse Meersburg, wo sie sich zum Besuch bei ihrer Schwester befand, unerwartet ein Ende machte. Sie war stets eine liebevolle, gehorsame Tochter und treue Schwester, und ihre Anhänglichkeit für die Ihrigen kannte keine Grenzen; aber sie war auch voll Erbarmen und Mitleid gegen ihre leidenden Nebenmenschen, die ihr Herz alle mit gleicher Liebe umfasste. Von Gott mit großen Talenten und namentlich mit der schönen Gabe der Dichtkunst ausgestattet, war ihr Streben stets dahin gerichtet, diese Gaben nur zu seiner Ehre zu gebrauchen. Deshalb durchdringt auch der Hauch wahrer Gottesfurcht alle ihre Schriften, und es ist kein Wort in ihnen enthalten, welches Ärgernis geben könnte. Hoffen wir deshalb, dass der Herr der Welten an jenem großen Tage zu ihr sprechen werde: „Weil du über wenigem getreu gewesen bist, so will ich dich über vieles setzen, gehe ein in die Freude deines Herrn."

Meersburg am Bodensee, im Juli 1848

In der Nacht kommt Wind auf. Sturmböen pfeifen um die Burg. Hoch in den Wolken kracht der Donner, und von den Bergen tönt es hohl zurück.

Die Hausfrau hat in allen Wohnräumen der Burg Licht anzünden lassen. Mitten im Salon steht Therese von Droste-Hülshoff, vollständig angekleidet und den Mantel übergeworfen.

Jenny kommt aus dem Kinderzimmer.

„Sie schlafen, Mama, voller Vertrauen, die beiden Engel. Leg dich auch wieder hin. Unsere Burg hat schon viele Gewitter überstanden."

Die Mutter starrt zum Fenster. Draußen zucken Blitze durch die schwarze Nacht, reißen den Himmel auf und lassen die tiefste Finsternis zurück.

„Ich habe geträumt. Ich kann jetzt nicht schlafen."

Eine Windböe schleudert Regen gegen die Scheiben. Die herabrinnenden Tropfen bilden ein Oval, bilden Locken, weit aufgerissene Augen …

„Nein!", schreit die Mutter. Jenny fährt herum – und sieht nichts.

„Mama", flüstert sie, „komm! Geh in dein Zimmer. Wir lassen überall das Licht brennen. Die Dienstboten bleiben wach. Aber du musst jetzt ruhen."

Die Mutter starrt immer noch auf das Fenster. Der Donner grollt fern in den Bergen, das Schlagen der Tropfen wird gleichmäßiger. Therese von Droste-Hülshoff wischt sich den Schweiß von der Stirn.

„Jenny, sie ist bei Gott, nicht wahr?"

„Ja, Mama!"

Am Morgen spiegelt der See einen blau leuchtenden Himmel. Winzige Wölkchen segeln nach Osten davon. Bauern und Gärtner besehen ihr Land. Der Schaden hält sich in Grenzen. Auch die tausendjährige Burg hat dem Unwetter standgehalten.

Die Frau von Laßberg und ihre Mutter gehen mit den Kindern am Ufer entlang.

„War ich zu streng, Jenny? War ich zu streng?"

„Mama, du hast es gut gemeint."

„Wir müssen für ihre arme Seele beten. Versprich es mir, dass du für sie betest, auch wenn ich abgereist bin! Ihre Seele soll Ruhe finden, endlich Ruhe."

„Mama, Gott ist gnädig. Er wird ihr schenken, was sie im Leben nicht gefunden hat. Nur denke ich manchmal, Nette hätte doch besser am Rhein leben sollen oder hier im Süden. Sie hatte ja viele Freunde. Aber du hast sie nicht weggelassen."

„Ich war für sie verantwortlich."

„Nette war wie ein Vogel, sie brauchte einen weiten Himmel."

Vor den Frauen hüpfen die Zwillinge Hand in Hand um die Pfützen herum.

„Pass auf, Hildel! Nicht so wild! Gundel, deine Schuhe werden nass", ruft das Kindermädchen.

„Ich weiß, Jenny, sie wäre vielleicht glücklicher gewesen, wenn ich sie hätte gehen lassen, aber – hat Gott uns dazu geschaffen, glücklich zu sein?"

Zeittafel

Die Zeittafel enthält wissenschaftlich gesicherte Daten und Fakten, die dem Roman zugrunde liegen. Sie sind nach Kapiteln geordnet.
    Der Name der Dichterin wird mit AvDH (=Annette von Droste-Hülshoff) abgekürzt.

Meersburg, im Juli 1848

24. Mai 1848	Tod der Dichterin in ihrem Turmzimmer auf der Meersburg.
Juli 1848	Aufenthalt der Mutter und des Bruders auf der Meersburg. Durchsicht des Nachlasses aus Texten und Kompositionen. Nach Angaben der Nichten Hildegard und Hildegunde wurden „Waschkörbe voller Briefe und Papiere" verbrannt.
	Jenny von Laßberg fertigt von den Gedichten für den zweiten Teil des „Geistlichen Jahrs" Abschriften an.
	Werner von Droste-Hülshoff (Bruder der Dichterin) und August von Haxthausen (ihr Onkel mütterlicherseits) bereiten eine Ausgabe des Nachlasses vor.
1851	„Das Geistliche Jahr", herausgegeben von Christoph Bernhard Schlüter, erscheint.
1860	„Letzte Gaben", herausgegeben von Levin Schücking, erscheint.

1. Kapitel

10., 12. oder 14. Januar 1797	
	Anna Elisabeth, Freiin von Droste-Hülshoff, kommt auf der Burg Hülshoff bei Münster / Westfalen als Frühgeburt zur Welt. Die Eintragung

im Taufregister wird aus ungeklärten Gründen nachträglich korrigiert, so dass ihr Geburtstag unsicher ist. Die Pflege des Kindes übernimmt die Webersfrau Maria Catharina Plettendorf.

AvDH, genannt Annette oder Nette, ist das zweite Kind des Freiherrn Clemens August und seiner Ehefrau Therese, geborene von Haxthausen. Ihre Geschwister sind: Maria Anna („Jenny"), geb. 1795, Werner, geb. 1798, und Ferdinand, geb. 1800

1804/05   Eines der ersten Gedichte für die Mutter entsteht („Dir schein stets Wonne …").

seit Februar 1809   Ärztliche Behandlung wegen krampfartiger Kopfschmerzen.

1810   Theaterauftritt im Damenstift Hohenholte (bei Münster) und Kritik des konservativen Grafen Stolberg daran.

1812   Beim Tanz in Hohenholte interessiert sich der elsässische Kommissar Schüler für AvDH.
Der Hofmeister Weydemeier leiht ihr Schillers Werke. Die Mutter verbietet die Lektüre der frühen Dramen.

2. Kapitel

Sommer 1805   Erster Aufenthalt bei den Großeltern mütterlicherseits in Bökendorf (Paderborner Land). Die Großmutter ist die zweite Frau des Großvaters. Ihre Kinder (u. a. Werner von Haxthausen = Onkel Werner, August und Anna) sind kaum älter als AvDH.

1813   Zweiter Besuch in Bökendorf, wo die Brüder Grimm und andere bekannte Gelehrte als Gäste anwesend sind. AvDH beteiligt sich an der Märchensammlung der Grimms.

Sommer 1818   Aufenthalt in Bökendorf und Kassel. Erste Begegnung mit Heinrich Straube.

Ostern 1819	Straube in Hülshoff.
1819/20	Aufenthalt in Bökendorf, Bad Driburg und Umgebung.
Juli 1820	Arnswaldt-Straube-Affäre, die so genannte „Jugendkatastrophe".
August 1820	Brief von Arnswaldt und Straube an AvDH.
Dezember 1820	Brief von AvDH an Anna von Haxthausen mit der verzweifelten Bitte, den Kontakt zu Straube wieder herstellen zu helfen. Anna verweigert jede Unterstützung. Zwischen ihr und AvDH kommt es zum endgültigen Bruch. Anna heiratet 1830 August von Arnswaldt. In Straubes Nachlass fand man später die Locke und den Brief von AvDH. Erst im Jahre 1837 besucht AvDH Bökendorf wieder.
Anmerkung:	In den im Allgemeinen sehr zuverlässigen Aufzeichnungen der späteren Freundin Elise Rüdiger findet sich eine Bemerkung über ein Verlöbnis mit einem rheinischen Gutsbesitzer, das wohl auf der Reise 1830 (s. 4. Kapitel) eingegangen wurde. Nach Elise Rüdiger soll AvDH die Verbindung auf Wunsch der Mutter gelöst haben.

3. Kapitel

15. Oktober 1820	AvDH schenkt ihrer Mutter die Gedichtsammlung „Das Geistliche Jahr" zum Namenstag. Therese vDH liest das Vorwort und die Gedichte, lässt sie dann aber anscheinend unbeachtet liegen. AvDH nimmt daraufhin das Manuskript wieder an sich.
1820-1825	Kaum literarische Tätigkeit, jedoch häufige Gesangsdarbietungen im kleineren und größeren Kreis.
Herbst 1824	Fast zweimonatige Reise durch das Sauerland, Besuch der Jesuitenkirche in Büren (Beschreibung im

	„Malerischen und romantischen Westfalen", s. Kapitel 5).
1825/26	Auf ärztlichen Rat hin reist AvDH mit ihrem Onkel Werner und seiner Frau Betty an den Rhein. Aufenthalte in Bonn und Köln. Sie erlebt die „Taufe" des ersten Dampfschiffs auf dem Rhein. Freundschaft mit der Bankiersgattin Sibylla Mertens-Schaaffhausen. Fast sechswöchiger Besuch in Koblenz bei Wilhelmine von Thielemann, einer gesellschaftlich umstrittenen Freundin aus Münster. Besuch von gesellschaftlichen Veranstaltungen und Aufbesserung der Garderobe. Nach ihrer Rückkehr entschuldigt sich AvDH in einem Brief bei ihren Verwandten für ihren „Ungehorsam".
11. Mai 1826	Hochzeit des Bruders Werner mit Caroline von Wendt-Papenhausen.
25. Juli 1826	Plötzlicher Tod des Vaters. Therese vDH und ihre Töchter verzichten zugunsten Werners auf ihr Erbe und beschließen, auf das Anwesen „Rüschhaus" zu ziehen.

4. Kapitel

September 1826	Umzug nach Rüschhaus, einem Landsitz ca. 5 km von Hülshoff entfernt.
Anmerkung:	AvDH benutzt den Namen „Rüschhaus", wie in Westfalen üblich, als Ortsnamen ohne Artikel. Dieser Ausdrucksweise ist der Text angepasst.
1827-1829	Arbeit am Versepos „Das Hospiz auf dem St. Bernhard". Schwere Erkrankungen, dazwischen Pflege von Familienangehörigen in Hülshoff.
15. Juni 1829	Nach fünf Wochen schwerer Krankheit („Schwindsucht") stirbt der Bruder Ferdinand.

September 1829	Der Homöopath Clemens von Bönninghausen übernimmt die Behandlung von AvDH. Sie ist bis zum Ende des Jahres krank.
Frühjahr 1830	In der Familie von Haxthausen wird eine Italienreise geplant, an der AvDH teilnehmen soll. Der Plan zerschlägt sich wegen der politischen Unruhen in Frankreich.
1830/31	Aufenthalt in Bonn, Pflege der verletzten Sibylla Mertens. Freundschaft mit Adele Schopenhauer. Die Mutter verbietet AvDH eine Reise mit der Mertens.
Juni 1831	Jenny vDH lernt in der Schweiz den Freiherrn von Laßberg kennen. Gegen den Willen der Mutter setzt sie die Heirat durch (1834). Laßberg ist 25 Jahre älter, verwitwet und war mehrere Jahre lang der Geliebte der inzwischen verstorbenen Fürstin Elisabeth von Fürstenberg, die einen Sohn von ihm hatte.
1835	AvDH schreibt einen Brief mit schweren Vorwürfen gegen Sibylla Mertens, weil diese die Reinschriften der Versepen nicht wie verabredet zur Veröffentlichung weitergegeben hat.
21. November 1840	
	Tod des Neffen Ferdinand.
Herbst 1834, Februar 1841, September 1844	
	Pflege der schwer erkrankten Amme Catharina Plettendorf.

5. Kapitel

Sommer 1831	Erster Besuch des 16-jährigen Levin Schücking in Rüschhaus.
Oktober 1831	Letzter Brief der Mutter Schückings, Catharina, geb. Busch, an AvDH.

2. November 1831	Tod Catharina Schückings.
Anfang 1834	Erster Kontakt zu dem blinden Theologieprofessor Christoph Bernhard Schlüter in Münster.
Juli 1834	Besuch Schlüters und seiner Schwester in Rüschhaus.
18. Oktober 1834	Hochzeit der Schwester Jenny mit Joseph von Laßberg. Jenny verlässt Westfalen.
1835/36	Aufenthalt mit der Mutter in Eppishausen/Schweiz bei der Schwester, deren Zustand während der Schwangerschaft zu großer Besorgnis Anlass gibt.
5. März 1836	Geburt der Zwillinge Hildegard und Hildegunde von Laßberg.
9. Mai 1836	Bei einem Ausflug der Familie von Laßberg mit AvDH kommt es zu einem Unfall. Laßberg zieht sich eine lebenslange Gehbehinderung zu, AvDH wird nur leicht verletzt.
1836/37	Aufenthalt in Bonn.
1837/38	Erneute Reise der Mutter zur Familie von Laßberg in die Schweiz, AvDH bleibt in Westfalen.
Herbst 1837	Levin Schücking nach längerer Abwesenheit wieder in Münster, Beginn der regelmäßigen Kontakte.
August 1838	Aufenthalt in Bökendorf, Erscheinen des ersten Gedichtbandes. Die Aufnahme ist unterschiedlich. Die Verwandten urteilen zumeist ablehnend. Die Mutter äußert sich positiv.
Anfang 1839	Umzug der Familie von Laßberg nach Meersburg am Bodensee.
Juli 1839	Aufenthalt bei Verwandten in Abbenburg (bei Bökendorf), Arbeit an der Novelle, die später den Titel „Die Judenbuche" erhält.
Oktober 1839	Schücking bei dem Dichter Ferdinand von

	Freiligrath in Unkel am Rhein. AvDH erkrankt schwer.
ab 1839	Regelmäßige Besuche Schückings am Dienstag in Rüschhaus, gemeinsame literarische Arbeit.

6. Kapitel

Anfang 1840	AvDH erkrankt schwer.
Frühjahr 1840	Besuch Adele Schopenhauers in Rüschhaus.
Herbst 1840	Abreise der Mutter nach Meersburg.
21. November 1840	
	Krankheit und Tod des elfjährigen Ferdinand in Hülshoff (s. 4. Kapitel).
1840/41	Arbeit am Manuskript des „Malerischen und romantischen Westfalen" mit Schücking, an der „Judenbuche" und den „Geistlichen Liedern".
Juni 1841	Rückkehr der Mutter.
9. August 1841	
	Ankunft der Schwester Jenny mit den Zwillingen in Rüschhaus. Die Nichten nennen AvDH „Tante Nette" oder „Tannette".
21. September 1841	
	Gemeinsame Abreise nach Meersburg. Schücking ist bereits unterwegs.

7. Kapitel

9. Oktober 1841	Spät am Abend kommt Schücking in Meersburg an.
November 1841	AvDH hat große Sorge um die Familienangehörigen in Westfalen.
	Gedicht: „Brief aus der Heimat"
1841/42	Es entstehen während des gemeinsamen Aufenthalts mit Schücking in Meersburg die meisten der noch heute bekannten Gedichte. Angeregt wird AvDH durch eine Wette mit Schücking: Sie be-

hauptet, jeden Tag ein Gedicht schreiben zu können.

2. April 1842 Schücking verlässt die Meersburg und nimmt vorübergehend eine Hauslehrerstelle an.

14. August 1842 AvDH kehrt nach Westfalen zurück. Regelmäßiger Briefwechsel mit Schücking.

Ende 1842 Beginn des Briefwechsels zwischen Schücking und Luise von Gall, seiner späteren Frau.

Januar-Mai 1843
AvDH ist mehrfach so schwer krank, dass die Familie um ihr Leben fürchtet.

7. Oktober 1843 Schücking heiratet Luise von Gall (geb. 1815). Die Familie (fünf Kinder) lebt in Augsburg, Köln und Sassenberg bei Münster, wo Luise Schücking, vom Adel geächtet und gesellschaftlich vereinsamt, am 16. März 1855 stirbt.

Mai 1844 Das Ehepaar Schücking besucht AvDH in Meersburg.

Frühjahr 1846 Schückings Roman „Die Ritterbürtigen" erscheint und führt zum Bruch zwischen ihm und AvDH. Er selbst hat durch Rezensionen, Herausgabe ihrer nachgelassenen Gedichte und ein 1862 veröffentlichtes, sehr einfühlsames Lebensbild alles getan, um AvDH einer breiten Öffentlichkeit bekannt zu machen. Im 19. Jh. wird Schücking viel gelesen, befindet sich jedoch ständig in finanziellen Schwierigkeiten. Als Witwer (seit 1855) lebt er in Münster und im Winter in Italien. Er stirbt 1883 in Bad Pyrmont.

8. Kapitel

September 1843 Reise nach Meersburg mit der Mutter und der Freundin Elise Rüdiger, die dort bis Oktober bleibt.

November 1843	AvDH erwirbt bei einer Versteigerung das „Fürstenhäuschen" außerhalb von Meersburg. Sie plant, sich in dem kleinen und halb zerfallenen Winzerhäuschen einzurichten.
September 1844	Der Band „Gedichte 1844" erscheint mit den meisten in Meersburg 1841/42 entstandenen Gedichten. Er wird in der Öffentlichkeit sehr positiv aufgenommen, und AvDH erhält ein angemessenes Honorar. Sie ist inzwischen eine bekannte Dichterin, deren Werke in vielen Zeitschriften und Zeitungen abgedruckt werden.
23. September 1844	
	Abreise von Meersburg.
1844/45	Pflege der Amme in Rüschhaus. AvDH wird dadurch so überanstrengt, dass sie mehrfach nach Hülshoff umziehen muss, um sich zu erholen.
23. Februar 1845	Tod der Amme.
Mai – Oktober 1845	
	Aufenthalt in Abbenburg bei Bökendorf zur Pflege des erkrankten Onkels Friedrich von Haxthausen. AvDH erkrankt dabei selbst so schwer, dass sie nach Rüschhaus zurückkehren muss.
Oktober 1845	Elise Rüdiger zieht nach Minden.
November 1845	AvDH lässt sich „photographieren" (= eine Daguerreotypie herstellen).
Anfang 1846	Bruch mit Schücking nach dem Erscheinen des Romans „Die Ritterbürtigen". Neuer intensiver Kontakt zu Schlüter.
Sommer 1846	Schwere Erkrankung mit Gehunfähigkeit, Nervenschwäche, Husten etc.
1. Juli 1846	Abreise der Mutter nach Meersburg.
September 1846	Abreise der schwerkranken AvDH nach Bonn, Weiterreise ohne Begleitung.

1. Oktober 1846	Ankunft in Meersburg bei leicht gebessertem Gesundheitszustand.
1846/47	Behandlung durch mehrere Ärzte, allmähliche Besserung.
März 1847	AvDH kann ihr Turmzimmer verlassen und wieder an den gemeinsamen Mahlzeiten mit der Familie Laßberg und der Mutter teilnehmen.
21. Juli 1847	Abfassung eines Testaments.
August 1847	Abreise der Mutter nach Westfalen.
März 1848	Revolutionäre Unruhen in Deutschland. AvDH ist in großer Sorge.
April 1848	Erkrankung mit starkem Husten.
24. Mai 1848	AvDH stirbt mittags in ihrem Zimmer auf der Meersburg.

Nachwort

An Annette von Droste-Hülshoff

Wertes Fräulein,

Verzeihen Sie mir, dass ich – 150 Jahre jünger als Sie, kleinbürgerlicher Herkunft, protestantisch, demokratisch gesinnt, also alles in allem ein in Ihren Augen eher verdächtiges Individuum – dass ich es gewagt habe, mit Ihren Augen zu sehen, Ihr enges Kleid anzuziehen, Ihre Stimme hörbar werden zu lassen, so wie ich sie in Ihren Gedichten und Briefen, den Epen und Erzählungen gehört habe. Ich weiß: Der Spott vieler Germanisten ist mir sicher.

Aber ich habe es dennoch gewagt. Nicht nur, weil ich so wie Sie ständig unter Kopfschmerzen leide, sondern weil ich im Spiegel Ihres Lebens etwas für uns alle Gültiges erkannt habe. Es ist Ihr Ringen um die Wahrheit über menschliche Schuld und Gottes Gnade, über Glauben und Liebe. Auch wenn wir nach den Entdeckungen der modernen Psychologie heute von Schuld gar nicht mehr reden und nur noch wenige nach dem Willen Gottes in ihrem Leben fragen: Die Sehnsucht nach erfülltem Leben und die Erfahrung von Zwang und Scheitern begleiten uns ins dritte Jahrtausend nach der Geburt Christi.

Darum verzeihen Sie mir, Fräulein von Droste-Hülshoff, dieses eine Mal. Hören Sie mir zu mit dem Lächeln der Vollendeten. Dieses Buch ist ja nur ein kleiner Ton im Chor der vielen Halbwahrheiten und Lügen, die über Sie verbreitet werden. Und die Wahrheit über Ihr Leben, Fräulein Annette, die Wahrheit auch über mein Leben, bleibt ein Geheimnis, das wir beide der Liebe Gottes anvertrauen.

Im Januar 2001
Ursula Koch

Literatur zum Weiterlesen

In den letzten Jahren ist so viel über Annette von Droste-Hülshoff geschrieben worden, dass die Literatur ganze Bibliotheken füllen könnte. Je nach Verfasser oder Verfasserin werden sehr unterschiedliche Vorstellungen von der Dichterin entwickelt. Wer sich ein eigenes Bild machen will, sollte zuerst die Briefe, Gedichte und Prosatexte lesen, die Annette von Droste-Hülshoff geschrieben hat. Sie sind in verschiedenen Ausgaben leicht zugänglich.

Hilfreich für meinen Roman waren vor allem die Arbeiten von Dr. Walter Gödden aus Münster, insbesondere:

Walter Gödden, Tag für Tag im Leben der Annette von Droste-Hülshoff, Paderborn, 2. Aufl. 1996

Walter Gödden, Die *andere* Annette – Annette von Droste-Hülshoff als Briefschreiberin, Paderborn, 2. Aufl. 1992

Walter Gödden, Annette von Droste-Hülshoff auf Schloß Meersburg, Meersburg 1993

Für die Jahre mit Levin Schücking und die Zeit am Bodensee sind auch die folgenden Bücher sehr lehrreich:

Levin Schücking, Annette von Droste – Ein Lebensbild. Mit einem Nachwort von Levin L. Schücking (einem Enkel Schückings). Nachdruck der 3. Auflage von 1964, Stuttgart 1992

Annette von Droste-Hülshoff und ihre literarische Welt am Bodensee. Bearbeitet von Ulrich Gaier, Marbacher Magazin 66/1993 (wird nur in Meersburg verkauft)

Weitere Bücher von Ursula Koch

Rosen im Schnee
Katharina Luther, geborene von Bora
Eine Frau wagt ihr Leben

200 Seiten. Hardcover
Bestell-Nr. 3-7655-1591-4

Katharina von Bora mußte einen weiten Weg gehen, ehe sie Martin Luthers Frau wurde. Und was er ihr versprach, war kein Rosengarten. Aber mit Tatkraft und Liebe gestaltete sie das Leben der von Verleumdung, Krankheiten und Geldsorgen geplagten Familie, kämpferisch bis zuletzt und im festen Glauben an die große Sache der Reformation.

Elisabeth von Thüringen
Die Kraft der Liebe

240 Seiten. Hardcover
Bestell-Nr. 3-7655-1625-2

Als junge Landgräfin setzte Elisabeth von Thüringen sich für Arme und Schwache ein; sie verkaufte ihre Kleider und Schmuck, um Not zu lindern, und war sich sich selbst nicht zu schade, Kranke zu pflegen. Viele verehren heute noch jene junge Frau, die freiwillig den Weg in die bitterste Armut ging.

BRUNNEN VERLAG GIESSEN
www.brunnen-verlag.de